한국경제의 새로운 미래

현대경제연구원 지음

한국경제신문

한국경제의 새로운 미래, BRICs

21세기 들어 세계경제 환경이 빠른 속도로 변화하고 있다. 변화의 가장 큰 특징은 '세계화 현상'의 심화라고 할 수 있다. 1980년대 말 동구 공산주의 체제의 붕괴 이후 '국경이 없는 하나의 열린 시장'으로 변모하는 세계화(globalization) 현상이 갈수록 심화되고 있으며, 하루가 다르게 급격하게 확산되고 있는 디지털 혁명은 이 같은 세계화를 더욱 부추기고 있다.

언제, 어디서든, 대상을 불문하고 정보와 지식을 전달·활용할 수 있는 유비쿼터스 사회가 진전되면서 경제활동을 가로막는 장벽들이 모두 사라지고 있다. 이처럼 열린 시장은 세계 기업들 간의 치열한 경쟁을 유발한다. 이제 모든 국가는 과거 냉전체제와는 달리 우방도, 적도 없는 '경쟁과 협력'이 공존하는 '경제전쟁' 시대에 직면하게 된 것이다.

　　세계화의 심화와 디지털 기술의 확산으로 경쟁력의 원천이 토지나 자본과 같은 하드 파워(hard power)에서 지식과 디자인 등의 소프트 파워(soft power)로 이행하고 있다.

　　세계화와 함께 지역주의 경향 또한 점점 강화되고 있다. 지역주의는 치열한 무한 경쟁에 대응하는 세계 각국의 경제전략으로서 1990년대 이래 전세계로 확산되고 있다. 1990년대에 들어 유럽연합(EU), 북미자유무역협정(NAFTA)과 같은 선진국 지역 블록의 질적 심화와 외연적인 확산이 지속되는 가운데 아세안자유무역지역(AFTA), 남미공동시장(MERCOSUR) 등 개발도상국의 지역 블록들이 속속 등장하고 있다.

　　지역경제의 통합에는 지역 블록들이 대부분 무역이나 직접투자의 자유화·개방화를 지향한다는 점에서 세계화를 촉진하는 측면이 있다. 하지만 이의 확산은 역외국가들에게는 경제협력의 불확실성이 증폭됨을 의미하기도 한다. 이러한 불확실성을 제거하고 국제무대에서 자국의 경제적 이익을 제고하기 위해, 각 국가는 지역경제 통합을 더욱더 주된 전략적 과제로 삼고 이를 적극 추진하고 있다.

세계경제의 3대 축, BRICs

21세기 세계경제 변화의 또 다른 특징은 '다극화(多極化) 시대'가 될 것이라는 점이다. 세계 경제력 구조가 미국 중심의 단일 경제체제에서 벗어나 지속적으로 경제규모를 확대하고 있는 EU, 그리고 중국의 성장 등에 힘입은 동북아시아 경제권이 미국과 더불어 세계경제의 3

대 축을 형성해 나갈 것으로 예측되고 있다. 특히 중국에 이은 인도 · 러시아 · 브라질 경제의 급속한 발전으로 이른바 'BRICs' 지역이 21세기 새로운 성장지대로 발돋움할 것이라 전망되어 전세계의 관심을 한몸에 받고 있다. 이 중에서도 중국과 인도의 경제교류가 증대하면서 이 두 나라를 합한 '친디아(Chindia : China+India)'가 경제성장 활력이 가장 높은 지역으로 급부상하고 있다. 두 나라는 과거 영토 분쟁과 같은 오랜 갈등을 뒤로 하고 1996년을 기점으로 경제교류 협의를 맺음으로써 본격적인 경제협력을 증대해 나가고 있다.

BRICs란 브라질(Brazil), 러시아(Russia), 인도(India), 중국(China)의 첫 영문글자를 따서 만들어진 신조어로서, 2003년 세계적인 투자자문회사인 골드만삭스(Goldman Sachs)의 보고서 〈Dreaming With BRICs〉가 발표된 후 21세기의 대표적인 경제 트렌드로 세간에 회자되고 있다.

BRICs의 경제규모(2003년)

구 분		면적		인구		GDP(명목)		GDP(구매력 기준)	
		백만Km³	%	억 명	%	천억 달러	%	천억 달러	%
세계		134.3	100.0	62.7	100.0	353.6	100.0	516.6	100.0
BRICs		38.5	28.7	26.7	42.6	29.3	8.3	122.2	23.7
친디아		12.9	9.7	23.5	37.5	20.1	5.7	95.4	18.5
	브라질	8.5	6.4	1.8	2.9	4.9	1.4	13.7	2.7
	러시아	17.1	12.7	1.4	2.2	4.3	1.2	13.2	2.6
	인도	3.3	2.5	10.6	16.9	6.0	1.7	31.0	6.0
	중국	9.6	7.2	12.9	20.6	14.1	4.0	64.4	12.5

자료 : 세계은행(World Bank)

이들 국가가 세계경제에서 차지하는 비중은 막대하다. BRICs의 전체 면적은 전세계 대비 29%에 달하며 27억 명의 인구를 보유하고 있다. 즉 세계 총인구의 43%가 BRICs에 몰려 있는 셈이다. 각 나라의 명목 GDP 규모는 세계 GDP의 8%에 불과하나, 이들의 낮은 물가를 고려한 실질구매력 GDP는 세계의 24%에 이른다. BRICs는 석유와 천연가스, 철광석과 농작물 등이 풍부한 천연자원의 보고로도 유명하다.

BRICs는 앞으로 거대한 경제규모만큼이나 빠른 성장세로 인해 세계의 이목을 집중시킬 것이다. 현재 이들 네 나라는 내실에 힘을 쏟으면서 놀라운 성장세를 보여주고 있기 때문이다.

브라질은 지난 6년에 걸친 저성장기에서 벗어나 2004년에는 5.2%라는 높은 성장률을 기록, 본격적인 경제발전을 위한 기지개를 켜고 있다. 러시아는 풍부한 원유 자원을 기반으로 2003년에 이어 2004년에도 7%대의 고성장을 달성했으며, 고질적인 외채 문제를 적극적으로 해소하면서 성장 에너지를 결집하고 있다.

인도 또한 2003~04회계년도에 8.5%라는 기록적인 성장을 시현하면서 그 동안 주춤했던 외국인투자도 다시 활기를 띠고 있다. 21세기 최고의 성장엔진으로 부상한 중국은 2003년에 이어 2004년에도 9%대의 성장이 기대되며 적어도 2010년까지는 7%대 이상의 고성장세를 이어갈 전망이다. 이제는 오히려 성장속도를 완화시킴으로써 연착륙을 유도해야 할 상황이다. 이러한 성장세가 지속될 경우 중국은 2010년에 GDP 규모가 미국과 일본에 이은 제3대 경제대국으로 떠오를 전망이고, 2045년에는 미국을 뛰어넘을 기세다. 더욱이 2050년경에는 BRICs 네 나라가 세계 G6 국가에 모두 포함될 전망이다.

한국경제의 마지막 성장엔진, BRICs

경제활동의 세계화 · 지역화 추세 속에서 BRICs와 경제교류를 활성화하지 못하면, 그만큼 성장의 활력을 잃게 될 것이 분명하다. 특히 우리나라와 같이 수출지향적 · 대외의존적 경제구조를 갖고 있는 경우에는, 지속적인 경제성장을 위해 무엇보다 새로운 시장을 찾는 일이 중요하다. BRICs 국가들은 새로운 시장일 뿐만 아니라 글로벌 아

BRICs와 G6의 GDP 전망치 (단위 : 10억 달러)

연 도	BRICs	G6
2005	3,330	22,548
2010	5,441	24,919
2015	8,349	27,332
2020	12,248	29,928
2025	17,345	32,687
2030	24,415	35,927
2035	34,064	39,668
2040	47,013	44,072
2045	63,596	48,940
2050	84,201	54,433

자료 : 골드만삭스, 〈*Dreaming With BRICs*〉
*G6 국가는 프랑스, 독일, 이탈리아, 일본, 영국, 미국

웃소싱의 주요 거점으로도 중요한 역할을 담당하기 때문에 우리나라로서는 결코 놓칠 수 없는 성장엔진이라고 할 수 있다.

현재까지의 교역관련 지표를 살펴보면 이미 BRICs 효과가 시작되었음을 알 수 있다. 1980년대 우리나라 총 교역규모의 2~3%에 불과하던 대(對) BRICs 비중은, 물론 중국이 교역의 대부분을 차지하고 있지만, 2004년 19.1%(914억 달러)까지 증가했다. 대 BRICs 무역수지도 2003년 135억 달러를 기록, 처음 100억 달러를 넘어섰으며 2004년에도 195억 달러를 기록하면서 우리나라의 무역수지 흑자 행진에 결정적인 기여를 하고 있다.

기업과 정부도 새롭게 떠오르고 있는 시장 BRICs와의 경제협력을 위한 움직임을 본격화하고 있다. 노무현 대통령은 2003년 7월 중국 방문을 필두로 2004년 9월 · 10월 · 11월에 각각 러시아 · 인도 · 브라질을 차례로 순방하면서 각국 정상과 회담을 나누며 각 나라들과의 경제협력 증대 방안을 논의하였다.

전국경제인연합회(전경련)의 조사에 따르면, 우리나라 기업들도 BRICs와의 교역을 늘리기 위해 현지 사업 환경을 파악하는 데 관심이 높은 것으로 나타났다.

우리나라가 앞으로 국민소득 2만 달러를 달성해 가기 위해서는 필연적으로 이들 국가와의 경제협력을 최우선 과제로 삼아야 할 것이다. 하지만 어느 나라, 어느 경제이건 나름대로의 문제점을 안고 있다는 점 또한 결코 간과해서는 안 된다.

순 위	2000	2005	2010	2020	2030	2040	2050
1	미국	미국	미국	미국	미국	미국	중국
2	일본	일본	일본	중국	중국	중국	미국
3	독일	독일	중국	일본	일본	인도	인도
4	영국	중국	독일	독일	인도	일본	일본
5	이탈리아	영국	영국	영국	러시아	러시아	브라질
6	프랑스	프랑스	이탈리아	인도	독일	브라질	러시아

자료 : 골드만삭스, 2003
*GDP 규모 기준

BRICs는 관료주의, 복잡한 조세제도와 기업회계의 불투명성, 정치적·사회적 불안, 낮은 생산성, 사회 간접자본 및 금융 인프라 부족 등과 같은 후진국에서 발견할 수 있는 취약점들을 공통적으로 안고 있다. 이들 걸림돌은 하루아침에 개선될 수 있는 성격도 아니다. 따라서 좀더 효과적인 경제협력 확대를 위해서는 무엇보다 먼저 BRICs의 허와 실을 명확하게 파악해야 할 것이다.

현대경제연구원은 세계경제의 새로운 성장동력으로 빠르게 떠오르고 있는 BRICs의 실체를 정확하게 규명하고, 이들 지역에 진출하고자 하는 우리나라 기업들에게 조금이나마 도움을 주고자 이 책을 집필했다. 이 책에서는 오늘날의 BRICs 국가들이 있기까지 각 나라가 걸어왔던 과거와 현재의 모습을 집중 조명했고, 나아가 미래의 모습을 전망해 보았다. BRICs에는 긍정적인 모습과 부정적인 모습이 공존하고 있다. 따라서 기회를 찾을 수도 있지만, 그만큼 위험 또한 상존하고 있음을 간과해서는 안 된다.

　이러한 종합 분석을 토대로 우리나라 기업들이 BRICs에 진출할 수 있는 전략에 대해 다양한 측면에서 살펴보았다. 장·단기적 차원에서 우선진출 분야를 선별하고, 또 중·장기적으로는 이들 국가에 진출하는 데 요구되는 마케팅 전략도 제시했다.

　이 책은 현대경제연구원 연구원들의 독자적인 분석 노력에도 불구하고 종합해설서라는 특수성에 따라 기존에 수행된 정부 및 민관 연구기관의 조사연구 자료들에 힘입은 바 크다. 인용자료에 대해서는 최대한 본문 및 참고문헌에 자세한 출처를 밝히도록 노력했음에도 불구하고 일부 누락된 것이 있다면 자료의 방대함에 따른 실수로서 널리 양해해 주기를 바란다. 또한 자료 인용상의 오류가 발견되는 경우 언제든지 지적해 주신다면 최선을 다해 수정·보완토록 하겠다.

　모쪼록 이 책이 21세기 성장의 보고 BRICs에 진출하려는 기업, 정부, 그리고 투자자들과 학생들에게 유용한 도움을 줄 수 있는 지침서가 되기를 다시 한번 기대한다.

2005년 5월

현대경제연구원 회장

김중웅

C O N T E N T S　차
례

PART 1

남미의 새로운 경제대국
브라질

상파울루 상공을 날다 보면 눈에 띄는 광경을 만날 수 있다. 천막, 신문지, 옷가지 등으로 지어진 집, 일명 파벨라스(Favelas)라는 누옥(陋屋)들이 수십 킬로미터 이어진다. 이 광경을 보고 있노라면, 최근 항간에 회자되고 있는 골드만삭스의 보고서 〈Dreaming with BRICs〉의 주장을 의심할 정도다. 지구의 허파 아마존 밀림, 삼바 축구, 매우 심각한 빈곤으로밖에 알려지지 않은 브라질의 잠재력은 무엇인가? 그 어떤 점이 앞으로 40년 안에 G6 국가들을 뛰어넘어 신흥 경제대국으로 성장할 동력이라고 평가받는 것일까?

01

부활하는 브라질경제

경기 악순환의 사슬을 끊다

브라질은 1500년경 인도 항로를 개척 중이던 포르투갈 사람 페드루 알바레스 카브랄(Pedro Alvares Cabral)에 의해 발견된 후, 300년 간 포르투갈의 지배를 받아왔다. 17세기 초 세계 열강의 하나인 네덜란드의 침입, 19세기 말 대지주와 지방의 세력자 등으로 구성된 계급집단인 '콜로네레스'에 의한 무혈 쿠데타 등을 겪었고, 그 시련만큼이나 브라질의 경제는 악순환의 연속이었다.

1964년 1~3월까지 브라질은 145%라는 초인플레이션 현상을 겪고 있었다. 그 해 3월 무혈 쿠데타를 통해 권좌에 오른 브랑쿠 장군은 경제회생을 위해 극단적인 긴축정책을 취했다. 그는 1,000 대 1이라는 사상 초유의 화폐 평가절하를 단행, 브라질경제의 걸림돌이던 인플레이션을 1966년 41%, 1967년 24.5%, 1968년 24%로 낮추는 성과를 달성했다. 하지만 여전히 노동자의 임금상승률이 높은 물가상승률을 따라가지 못해 극심한 소득불균형 현상을 초래하기에 이르렀다.

그 후 1970년에 들어 연간 10~12%라는 놀라운 경제성장을 달성하면서 '브라질의 기적'을 이루었으나, 이는 오래 가지 못했다. 성장률이 지속적으로 떨어지고 인플레이션이 다시 고개를 들어 1978년에는 인플레이션이 40%대에 이르렀다.

군정 종식을 맞이한 1980년대의 정치적 기쁨도 잠시, 브라질은 1970년대 말의 제2차 석유파동 여파와 국제 이자율 상승에 따라 '1980년대 외채위기'를 맞이해 다시 한번 커다란 시련에 빠졌다. 설상가상으로 크루자도 플랜(Plano Cruzado),[1] 브레세르 플랜(Plano Bresser),[2] 콜로르 플랜(Plano Collor)[3] 등 정부가 제시한 각종 경제정책은 실패를 거듭해 결국 심각한 재정적자와 대외부채의 질곡에서 빠져나오지 못했다.

1989년 40세의 나이에 대통령에 당선된 페르난두 콜로르 데 멜루(Fernando Collor de Melo)는 독직사건으로 정권을 2년도 채우지 못하고 중도 하차, 이타마르 프랑쿠(Itamar Franco) 부통령이 대통령직을 승계하는 정치적 혼란기를 맞이했다. 그 당시 재무부 장관으로 기용된 페르난두 엔리케 카르도수(Fernando Henrique Cardoso)가 금융개혁을 골자로 한 레알 플랜(Plano Real)을 시행, 물가안정에 성공함으로써 브라질은 새로운 전기를 마련했다. 이러한 경제적 업적을 등에 업은 카르도수는 대통령에 출마해 당선됐고 이어 연임에도 성공했다. 그러나 기존 화폐인 '크루제이루'를 '레알'로 변경하는 과정에서 레알화의 평가절상에 따른 수입 증가 덕분에 1998년 경상수지 적자규모가 사상 최대 규모인 338억 달러에 이르렀다.

설상가상으로 1998년 중반 아시아와 러시아에서 시작된 외환위기로 브라질경제는 깊은 정글 속에 빠졌다. 그 당시 주가는 5% 이상 폭락했으며 거래가 중단되는 사태가 수 차례 발생하기도 했다. IMF는 브라질의 경제회생을 위해 415억 달러의 긴급자금 지원을 승인했고, 브라질은 IMF의 권고에 따라 통화·재정·금융 전반에 걸친 구조조정을 단행하기에 이르렀다.

이렇게 반복되는 경기의 악순환으로 브라질경제는 극심한 성장 불균형, 계층 간 소득불균형 현상을 겪었다. 결국 브라질 국민들은 과거 어느 정권도 해결하지 못한 부의 공정한 분배와 지속적 성장, 그 무엇

| 경제 대통령 카르도수 |

1931년 리오데자네이루에서 태어난 카르도수는 1960~70년대 초반 종속이론의 대부 중한 사람이자 '브라질이 낳은 최고 지성'으로 꼽히는 인물이다. 군부독재 정권에 대한 항거로 그는 1964~68년 해외로 추방되는 시련을 겪었고, 1969년 고국인 브라질로 돌아왔으나 군부정권에 체포되어 모든 정치적 활동과 강의가 금지되는 정치적 서러움을 겪어야만했다. 군정이 종식된 후 그는 국회의원에 당선됐고 사회민주당(Social Democratic Party)을 설립하는 데도 일조했다. 1992~93년 외무부 장관으로 발탁됐으며, 탁월한 학문적 지식에 힘입어 재무부 장관에 기용된 후 1994년과 1998년에 브라질 대통령을 연임했다.

보다도 자신들의 뼛속 깊이 파고드는 가난과 배고픔을 해결해 줄 수 있는 인물로서 2002년 공장 노동자 출신인 룰라(Lula)를 대통령으로 선택한 것이다.

정통 경제 대통령 카르도수의 등장

미완의 발판, 레알 플랜

이타마르 프랑쿠가 대통령의 권좌에 오를 때 재무부 장관으로 발탁된 카르도수는 1994년 7월 레알 플랜을 시행했다. 그 당시 브라질은 연 2,500%에 달하는 기록적인 초인플레이션을 겪고 있었다. 이러한 초인플레이션으로 실질구매력을 상실한 브라질 국민들은 강력한 경제정책을 갈망하고 있었다. 이처럼 심각한 위기의 브라질경제를 구원해 줄 수 있었던 정책, 이른바 레알 플랜이 등장했다.

그 당시 높은 인플레이션 억제와 경상수지 보전을 위해 다른 국가에 비해 고금리 정책을 시행하고 대출 규제를 강화했다. 한편 철도, 도로, 연안물류, 에너지 및 광산을 개발하고 통신사업을 민간투자자들에게 개방하는 민영화 정책 등을 시행했다. 또한 고정환율제 때문에 레알화가 과대 평가되고 경상수지 누적적자가 큰 폭으로 상승함에 따라 변동환율제로 전환하면서 브라질경제는 다시 회복 단계에 진입하는 듯했다. 실례로 1993년과 1994년 2,500%와 930%에 달하

카르도수 집권 1 · 2기의 경제성과 (단위 : 달러, %)

구 분	집권 1기				집권 2기			
	1995	1996	1997	1998	1999	2000	2001	2002
실질 GDP 증가율	4.2	2.7	3.3	0.1	0.8	4.4	1.5	1.5
금리	38.9	23.9	42.0	33.0	21.0	15.4	18.1	25.0
재정수지	−4.9	−3.8	−4.2	−4.3	−10.1	−4.5	−5.3	−4.6
경상수지	−2.6	−3.1	−4.2	−4.3	−4.7	−4.2	−4.6	−1.6
FDI 유입	43억	100억	170억	258억	270억	316억	225억	165억
실업률	4.6	5.4	5.7	7.6	7.5	7.1	6.2	7.8

자료 : 대외경제정책연구원(KIEP), 2003

던 물가상승률은 1995년 22%, 1996년 11%를 기록하면서 급격히 안정되는 모습을 보였다. 물가안정, 경제자유화 정책, 민영화 정책 추진에 따라 외국인 직접투자 유입이 늘어나는 등 1997년까지 3~6%대의 견실한 경제성장을 이루었다. 이러한 결과로 외환보유고는 한때 730억 달러에 이르렀다.

그러나 카르도수 행정부가 감내할 수 없었던 가장 큰 골칫거리 가운데 하나인 대내외 부채가 카르도수의 임기 동안 해결되지 못한 탓에, 물가가 다시 한번 출렁이기 시작했다. 임기 말인 2002년 물가는 12.5%로 다시 상승했다. 또한 레알화의 고평가에 따른 무역수지 악화, 고금리의 지속, 줄지 않는 정부의 부채, 날로 높아지는 실업률, IMF 외환위기, 유가 및 에너지 요금 상승 등의 여파로 브라질경제는 날로 악화됐다. 게다가 좌파적 성격을 지닌 룰라 세력의 집권 가능성이 커짐에 따라 금융대란을 초래, 브라질경제는 심각한 침체기에 빠졌다.

　카르도수 집권 1기 동안 브라질경제는 외견상 건실한 성장지표를 보였고, 이는 당시 만성적인 인플레이션으로 고통을 겪고 있던 브라질 국민에게 희망을 심어주었다. 따라서 카르도수는 국민의 압도적 지지 하에 대통령 연임에 성공했다. 그러나 집권 2기 카르도수의 경제성적은 질적인 면에서 점점 하락세를 나타냈다. 상위 10%가 국부의 50%를 차지하는 심각한 소득 불평등 현상을 보였으며, 실업률은 집권 초 4%대에서 집권 2기에 들어 7%를 상회하는 심각한 수준에까지 이르렀다. 상파울루 시의 실업률은 집권 1~2기 동안 평균 16.5%를 기록, 심각한 사회적 갈등 양상을 반영했다. 이러한 카르도수 행정부의 개혁·개방 정책의 실패에 대한 국민들의 실망이 자연스럽게 브라질경제를 새로운 도약의 발판으로 올릴 수 있는 지도자 룰라에 대한 염원으로 이어졌는지 모른다.

국민이 선택한 룰라 대통령의 개혁정책

브라질 북동부의 조그만 마을인 가란훈스(Garanhuns)에서 8명의 형제 중 7번째로 태어나 땅콩과 오렌지 행상, 구두닦이, 세탁소 배달원 등으로 유년을 보냈던 룰라는 1989년 노동자당(Worker's Party)의 대통령 후보로 나서 3,100만 표를 획득했으나 멜루에게 패배했다.

　그 후 1994년과 1998년의 대선에서는 재무부 장관으로 대중적

명성을 얻은 카르도수에 연이은 패배의 쓴잔을 마셔야만 했다. 격정의 시대를 살아왔던 브라질 국민들은 2002년 브라질경제의 대내외적인 변화와 개혁을 천명한 좌파적 성향의 룰라를 대통령으로 선택했다.

경제 부활을 위한 구조개혁 단행

룰라는 대통령으로 당선된 뒤 제2의 브라질 재건을 위해 새로운 경제구조개혁 정책을 제시했다. 그 내용은 공공부문과 민간부문 간의 형평성 문제를 안고 있는 사회보장제도의 개혁, 세목 간의 중복성을 가지며 동일 세목에 대해 지역 간 다른 세율을 적용하는 비효율적인 세제의 개혁, 농촌의 빈곤과 소득 불평등의 원인인 토지분배의 불균형 해소를 위한 농지 개혁 등이다.

사회보장제도 개혁

선진국의 경우 인구 노령화라는 외생적 변수로 미래연금 수급의 불균형 해소를 위해 사회보장제도를 개혁하는 것과는 달리, 브라질의 사회보장제도 개혁은 공공부문과 민간부문 간의 지나친 연금수급 비형평성이라는 제도 자체의 모순점을 개선하기 위함이었다. 따라서 제도 개혁을 위해 전임 대통령인 카르도수는 연금제도 자체의 규정과 권리를 바꾸려고 부단히 노력했지만, 결국 이익집단의 거센 저항으로 목표를 실현하지 못했다.

브라질 사회보장제도의 적자 규모					(단위 : GDP 대비 %)
구 분	1998	1999	2000	2001	2002
공공부문	3.8	3.7	4.1	4.2	4.2
민간부문	0.8	1.0	0.9	1.1	1.3

자료 : US Commercial Service, 2004. 7

브라질의 사회보장제도는 룰라의 강력한 추진으로 그 모습이 바뀌게 됐다. 2003년 4월, 브라질 정부는 공무원연금제도의 적자 및 공공부문과 민간부문 간의 연금수급 불균형 해소를 위해 수정안40(PEC40)을 국회에 상정해 해당 법안[4]을 통과시켰다. 이는 향후 만성적인 재정적자를 해소하고 사회적 형평성을 높이는 데 기여할 전망이다.

세제 개혁

세계경제포럼(World Economic Forum : WEF)의 국가 경쟁력 평가자료는, 브라질 조세제도의 효율성이 평가 대상 104개국 중 103등을 차지하고 있어 외국인의 직접투자 유치와 국내 기업의 기업 활동을 저해하는 심각한 요소라고 보고했다.

세계 각국의 조세 효율성 평가							
구 분	1위	2위	3위	4위	48위	103위	104위
국가	홍콩	아랍에미리트	바레인	싱가포르	한국	브라질	벨기에
평가 점수 (7점 만점)	6.6	6.4	6.3	5.6	3.2	1.9	1.8

자료 : World Economic Forum, *The Global Competitiveness Report 2004-2005*, 2004

브라질의 조세구조는 소득세·재산세·소비세 등의 기본 골격을 가지고 있는데, 이 중 소비세[5]는 가장 비효율적이며 오래 된 구조라는 문제점을 안고 있다. 한편 27개 주마다 상이한 세율을 적용받는 유통세, 서비스세, 공산품세는 서로 유사한 성격을 갖고 있어 중복 조세부과라는 문제를 야기함으로써 자원을 낭비하고 있다. 따라서 룰라 행정부는 2005년 중에 유통세 개혁을 논의하고 2007년까지 단일화된 부가가치세를 도입한다는 계획을 가지고 있다.

농지 개혁[6]

브라질의 토지 배분 불균형은 소득 분배의 불균형만큼이나 심각하다. 2만 7,000여 명의 지주가 1억 8,000만ha의 농지를 소유하고 있으며, 이들 중 절반은 아직도 경작되지 않은 토지다. 무역 개방과 탈규제화를 주장하는 신자유주의 정책(Neoliberal Policy)에 따라 7개의 미국 기업이 브라질 수출물의 43%를 통제하고 있는 현실이며, 대토지 소유주들과 대규모 설비시설을 갖춘 다국적 기업들 때문에 1995년부터 영세농민들은 파산해 빚더미에 앉아 있다.

역대 정권이 그러했듯이 룰라 또한 대통령으로 당선된 후 무토지 농민들에게 토지를 제공하는 한편 소득의 불평등 해소, 농촌의 빈곤 해결을 위한 고용확대 등 줄기차게 농지 개혁에 대한 비전을 제시했다.

룰라의 농지 개혁안은 무토지 농민들에게 토지 분배, 가족농과 기업농의 조화를 통한 식량생산 확대, 농업부문에 대한 자금 지원 및 기술지원 확대 등으로 구성되었으며, 우선 10만 가구에 달하는 무토지

농민에게 토지를 분배·정착하는 데 주력할 계획이다. 하지만 가진 자들의 저항 또한 무시 못할 것이며 실패시 재선 가능성이 희박해진 다는 딜레마에 빠져 있다.

새로운 성장을 위한 조건——빈곤퇴치

룰라가 대통령 임기를 시작하면서 펼친 경제정책 가운데 가장 눈에 띄는 것이 바로 빈곤퇴치(Fome Zero : Hunger Zero) 정책이다. 룰라가 "세계 인구의 절반은 배고픔을 겪고 있는 반면 나머지 절반은 다이어 트를 하고 있다"라고 말했듯이 브라질의 빈곤퇴치를 새로운 경제부 국으로의 도약을 위한 선결조건으로 보고 있다. 실제로 브라질의 저 소득 계층(1일 소득 1달러 미만)이 4,400만 명에 이르고 있으며, 이는 전 체 인구 1억 7,000만 명 중 28%가 극빈자에 해당한다는 의미다. 저소 득층의 분포를 도시와 농촌으로 나누면 대도시에 19%, 중소도시에 25%, 농촌에 46%가 분포되어 있으며, 지역적으로는 북동부 지역에 50%, 남동부 지역에 26%가 집중되어 저임금 지역으로 빈곤이 몰려 있는 양극화 현상을 보이고 있다.

특정 계층에 집중된 부, 저임금, 높은 실업률, 낮은 성장률 등이 브 라질의 빈곤 문제를 더욱 악화시키고 있다. 이에 룰라는 최저임금의 증대, 최저임금과 최고임금 간의 격차 해소, 청년취업에 대한 인센티 브 제공 등을 통한 고용 창출과 소득증대, 토지의 재분배를 통한 집중 적인 농촌개혁, 농촌 지역과 비농촌 지역 간 형평성에 바탕한 보편적인 사회복지제도의 도입, 장학금과 최저임금제도를 통한 인적 자본의 형성 등을 빈곤퇴치의 해결책으로 보고 있다.

룰라 정부의 우수한 경제성적

브라질 사회에 만연한 사회적 비형평성을 개선하기 위해 도입된 구조 개혁안과 빈곤퇴치 정책은 선진 대국으로의 도약을 위한 선결조건에 불과하다. 이러한 사회적 불평등과 비효율성을 제거하기 위해 당장 룰라 행정부가 심혈을 기울인 분야는 역대 정부에서 내려온 건전하지 못한 거시경제지표의 개선이었다. 또한 사회 전반에 깊숙이 파고들어 있는 정치·경제·사회의 혼돈을 최소화하고, 노동자당(PT)의 정책이념과 상반된 친(親)시장 경제정책을 운용하는 데 따른 주요 지지기반과의 마찰을 해소하며, 분배와 성장이라는 쌍두마차를 이끌어가기 위해서는 일정한 방법론이 필요했다. 따라서 룰라는 전임 대통령인 카르도수 대통령이 취한 친시장 경제정책, 레알 플랜을 어느 정도 계승하고 있는 듯하다.

국제사회는 브라질 정부가 좌파 성향을 가진 룰라의 집권으로 반시장적 정책을 운용하지 않을까 걱정했다. 하지만 룰라는 자신의 정치적 정강과 상이한 친시장적 정책을 강행했고, 이에 따른 정치적 위기를 모면하기 위해 브라질 국민의 염원인 소득 재분배에 메스를 가했다. 앞에서 설명한 빈곤퇴치 운동이 그 좋은 예일 것이다.

소득 재분배의 해결 외에 룰라 정부가 직면한 당면과제는 지속적인 경제성장률 하락을 반전시키는 것이었다. 집권 후 2003년 브라질 경제는 정치적 안정으로 투자자들의 강력한 신뢰가 회복되었고 레알화가 안정적 수준으로 평가절하됨에 따라 금융시장이 안정되었다. 이에 카르도수 집권 말기인 2002년 12.5%에 달하던 물가수준은 9%대로 하락했고 43억 달러에 이르는 경상수지 흑자를 기록하는 등 경제 상황이 눈에 띄게 좋아지는 모습을 보였다. 하지만 IMF 권고안에 따른 지속적인 긴축정책으로 실업률이 높아지고 −0.2%라는 마이너스 성장을 달성해 국민적 실망을 안겨주기도 했다.

그러나 룰라 행정부가 출범하기 전 레알화 평가절하로 누적된 외채 및 경상수지 적자규모와 고금리로 이자비용이 증가된 공공부채 규모를 축소시키는 등 거시경제 변수의 안정적 운용을 위해 룰라 정부가 시행한 긴축재정 정책은 2004년 들어 그 결실을 보고 있는 듯하다. 환율은 달러 대비 4.1레알로 떨어져 사상 최저치를 기록함으로써 브라질 상품의 수출 경쟁력을 높였고 소비자물가는 안정적 수준으로 하락해 5.5%를 기록했다.

무엇보다 중요한 것은 2004년 국내총생산(GDP)이 2003년에 비해 5.2% 성장했다는 점이다. 이는 10년 만에 가장 높은 성장률이다. 물론 세계경제의 호황에 따른 원자재 수요 급증이라는 외생적 변수가 작용했지만 룰라 행정부의 강력한 친시장주의적 정책의 일관성이 대내외적인 신인도를 견인해 외국인 직접투자가 증가한 것이다. 이로써 브라질은 과거 잃어버린 10년을 다시 되찾은 듯하다.

경제성장률 향상뿐 아니라 브라질경제의 고질적 문제인 정부부

브라질 주요 경제지표 추이 (단위 : %)

구 분	2000	2001	2002	룰라 집권기	
				2003	2004
경제성장률	4.3	1.3	1.9	-0.2	5.2
환율(달러 대비)	1.84	1.96	2.36	3.63	4.1(9월 기준)
소비자물가	8.9	6.0	7.7	12.5	5.5
실업률	7.2	6.2	7.3	9.1	-

자료 : EIU(Economic Intelligence Unit), 브라질 통계청(IBGE)

채의 규모 면에서도 룰라 행정부는 괄목할 만한 실질적 성과를 달성했다. 1990년대 정부 재정적자의 주범으로 작용했을 뿐만 아니라 공공부문과 민간부문의 심각한 비형평성을 야기한 사회보장제도를 개혁하고 지나치게 복잡한 세율체계로 저하된 경제 효율성을 향상하고자 세제를 개혁함으로써 2000년에는 GDP 대비 재정수지 비율이 -9.9%에서 2004년 -4.4%로 감소하는 기록적인 향상을 달성했다. 이로써 만성적인 재정적자를 해소함과 동시에 '만년 2류 국가'라는 각인된 굴레에서 벗어날 수 있는 발판을 마련했다.

균형성장을 위한 인프라 투자

앞에서 설명했듯이 지나친 부의 집중, 높은 공공부채 비율 외에 브라질경제가 안고 있는 문제는 기타 개발도상국보다 떨어지는 공공부문의 인프라 부족이었다. 인프라 확충에 필요한 기본 재원을 확보하기 위해 민자유치 방안의 기본적인 골격을 주도한 인물은 전임 카르도수 대통령이었다. 그는 집권 초기부터 공공부문의 비효율적 운영을 제거하고자 민영화를 추진해 왔으며, 룰라 정부도 브라질의 지속적 경제성장을 달성하기 위해선 민자유치를 통한 재원조달이 필수요소라고 여겨 카르도수의 민영화 및 민간자본 유치정책 기조를 계속 운영하고 있다.

브라질경제의 지속적인 악순환과 만성적인 공공부문 적자는 한 나라의 경쟁력을 가늠하는 중요한 잣대인 공공재의 투자를 줄이는 결과[7]를 초래해 브라질은 항만, 고속도로, 철도 등과 같은 물류 인프라가 부족했다. 현재 브라질로 수출입되는 물품의 대다수가 해상항로를 중심으로 이루어지는데, 높은 항만 사용료와 하역료 때문에 경쟁력을 상실하고 있다.[8] 카르도수 행정부는 이러한 문제점을 해결하기 위해 항만개혁입법안을 발효했으나 실효성을 얻지 못했다. 리우, 에스피리투산투(Espírito Santo) 주의 항만 등 일부 항만의 민영화로 기존의 물류비용을 대폭 축소하기도 했으나 브라질의 지질학적인 특성으로 새로운 운송수단 개발에는 한계가 있어, 수출입 업체들은 여전히 다른 국가들보다 높은 물류비용을 지불해야만 하는 상황이다.

따라서 룰라 행정부는 1995년 카르도수 집권 하에 이루어진 전기, 철도, 고속도로 등의 민간자본투자 유치작업을 가속화시킬 전망이다.

대두(大豆) 수출의 1톤당 평균 물류비용			(단위 : 달러)
구 분	브라질	아르헨티나	미국
평균 물류비용	23.5	16	15.5

자료 : US Commercial Service, Economic Trend, 2004. 7

구 분	내용	2007년 목표치
원유 및 천연가스	원유 증산	하루 160만 배럴 → 하루 220만 배럴
	정유시설 확장	하루 160만 배럴 → 하루 190만 배럴
	파이프라인 확장	2,479km
운송 및 물류	고속도로 유지보수	43,000km
	고속도로 건설	5,500km
	철도 건설	2,400km
	항만 개발	2억 톤

자료 : Ensuring a positive long-term economic outlook, 2004. 1

2004년 12월 말에는 민간·공공 파트너십(Private-Public Partnership : PPP)이 법안으로 제정되어 민간사업자의 참여 범위를 전력, 항만, 도로, 통신, 석유탐사 등으로 넓혀 적극적인 민간자본 투자유치를 시도하고 향후 3년 간 120억 달러 규모의 국내·해외 민간자본을 유치한다는 계획을 발표했다. 또한 민간사업자의 적극적 투자 참여를 유도하기 위해 룰라 정부는 민간참여사업자에게 일정 기간의 수익성 보장, 사회간접자본(SOC)에 대한 사업권 부여, 장기 저리의 금융지원 등을 약속하고 있다.

특히 원유 생산 부족으로 인한 국제유가의 급등에 대비하기 위해 브라질 정부는 원유와 천연가스에 대한 민간자본 유치를 적극적으로 고려하고 있다. 한 예로 2006년까지 원유의 자급자족, 더 나아가 2007년 원유 순수출국으로 발돋움하기 위해 원유생산을 2007년까지 현재 하루 160만 배럴에서 220만 배럴로 증산할 계획이며 원유정제

시설을 현재 하루 160만 배럴에서 190만 배럴로 확장할 계획에 있다.

룰라호, 세계화의 닻을 올리다

경제 블록화를 통한 시장개방 가속화

미국에 대한 경제활동 의존도가 매우 높았던 남미 지역 국가들이 지역경제 통합에 적극 나서고 있다. 2004년 12월에는 남미 지역 12개국을 하나로 묶는 '남미국가공동체(South American Community of Nations : SCN)'가 출범하면서 남미 지역에도 전세계적인 지역주의 추세에 적극 대응할 수 있는 기반이 마련되고 있다. 또한 북미 지역과 함께 미주자유무역지대(FTAA) 설립을 위한 협상을 진행하고 있는데, 남미국가공동체 출범으로 인해 남미 국가들이 통상 협상에서 독자적인 목소리를 낼 수 있을 것으로 보인다.

중남미 지역의 경제 블록화는 남미공동시장인 '메르코수르(MERCOSUR)'와 안데스 공동시장인 '안데스공동체(Andean Community : ANCOM)'을 중심으로 이루어져왔다.[9] 이 두 경제공동체에 포함된 국가들을 중심으로 그 동안 독자노선을 걷고 있던 칠레 등이 합류하면서 남미국가공동체는 인구 3억 6,700만 명, 구매력 평가기준 GDP 2조 6,000억 달러에 이르는 대규모 지역경제공동체로 부상할 수 있었다. 또한 2019년까지 단계적인 역내 관세 철폐 등 EU식 경제통합을

지역 공동체 비교　　　　　　　　　　　　　　　　　（구매력 평가기준 미국 달러）

공동체	가입국	면적(km²)	인구	국내총생산
남미국가공동체	12	1,771만	3억 6,700만 명	2조 6,000억
북미자유무역지대	3	2,158만	4억 3,000만 명	12조 9,000억
EU	25	397만	4억 5,600만 명	11조
ASEAN	10	440만	5억 5,400만 명	2조 2,000억

자료 : 위키피디아, 한겨레 2005. 3. 8, 'EU식 남미공동체 출범 3개월' 참조

지향하고 있어 향후 세계경제 블록화의 한 축을 담당할 것으로 전망된다.

남미 지역의 경제통합이 가속화되는 것은 역내 경제규모가 가장 큰 브라질이 지역통합에 대한 강한 의지를 갖고 있기 때문이다. 브라질의 룰라 대통령은 남미 지역 정상들과의 회담을 주도적으로 이끌며 정치적 협력관계를 강화하는 한편, 교량·도로·발전소 등 사회간접자본 공사에 대해 상당 부분 재정적 지원을 부담하기로 했다. 이는 향후 브라질이 남미 지역 경제통합의 리더로 급부상하기 위한 포석으로 판단된다.

이러한 지역경제의 통합은 브라질에도 일정 수준 피해를 미치게 마련이다. 보호주의 무역의 주요 품목이며 브라질의 주요 수출품인 전자, 화학, 기계, 제지 및 자동차 분야에 큰 타격이 예상되며, 미국보다 높은 관세로 인해 FTAA 출범에 따른 관세율 인하는 브라질의 무역수지 악화로 이어질 가능성이 크다. 그러나 브라질의 제1수출품목인 곡물, 쇠고기 등의 농산물 수출과 외국인 투자규모는 증가할 것으

로 보인다.

남미자유무역지대의 창설 및 미주자유무역협정을 통해 거대시장의 리더로 부상할 브라질은 매력적인 시장임에 틀림이 없다.

태평양 실크로드의 개척

2004년 5월 22일 룰라 대통령은 각료 7명, 주지사 5명, 기업인 400명으로 구성된 대규모 경제사절단을 이끌고 국빈 자격으로 중국을 방문했다. 룰라는 "브라질은 이번 기회를 잃을 수 없으며 그러지도 않을 것"이라며 태평양 실크로드 항로 개척에 대한 강력한 의지를 천명했다.

기본적인 경제상식을 가진 사람이라면 룰라의 중국 방문은 쉽게 이해할 수 있는 행보다. 고도 성장에 따른 각종 자원공급기지가 필요한 중국과 지속적 성장을 위해 거대 수출시장이 필요한 브라질 간의 상호 이해관계가 서로 맞아떨어지기 때문이다. 룰라의 중국 방문 직전인 2003년, 양국은 이미 자원탐사, 통신 목적의 합작 위성을 쏘아 올리는 등 항공·우주 산업에 대한 상호협력을 강화했다.

중국과의 무역비중이 날로 커지므로 향후 태평양 실크로드의 개척을 위해 룰라는 2004년 중국 방문 중 철강·석탄·자동차·농업·체육 등의 분야에서 15개 합의문서를 작성했다. 특히 향후 2007년 원유 순(純)수출 국가로 거듭나기 위해 브라질은 이미 적극적인 원유 확보전에 나선 중국과 투자협약을 맺었다.

어떤 근거에 따라 브라질은 중국과의 경제협력을 중요하게 여기는

중국과의 협약내용 요약(2003년)

정부측 협약	기업측 협약
• 인공위성 시스템 개발 • 농업 · 철도 인프라 협력 등 　비경제영역협정문 5개항 발표	• 양국 간 철강의 안정적 수요 및 생산을 위해 철강회사 설립 • 브라질 수출용 및 제3국 석탄 개발 • 대 중국 알루미늄 합작투자회사 설립 • 브라질 화력발전소 설립 협력 • 양국의 합작투자 활성화를 위한 은행 간 양해각서 성명 등 14개 협정문 서명

자료 : 각 언론 보도자료 요약

걸까? 중국은 미국, EU, 메르코수르에 이어 브라질의 네번째 교역 파트너다. 메르코수르를 중심으로 한 남미 시장은 태평양 실크로드의 개척에 필요한 교두보 역할을 충분히 수행해 줄 수 있지만 중국만큼의 거대 상품 수요 시장을 구성하지 못하며 양적인 면에서 거대 시장을 형성하고 있는 미국과 EU는 경기침체가 예상됨에 따라 단기간의 교역규모 증대는 가져다주지 못할 전망이다. 따라서 거대 시장과 빠른 경제성장을 보이고 있는 중국과의 협력체제는 불가피한 전략일 것이다.

최근 5년 간 브라질의 수출 비중을 살펴보면 이에 대한 사실이 분명해진다. 미국과 EU에 대한 수출 비중은 안정적인 수준에 머물러 있으며 메르코수르와의 수출 비중은 지속적으로 하락해 2003년 기준 전체 수출 비중에서 7.8% 수준에 불과하다. 그러나 중국에 대한 수출 비중은 2003년 6.2%로 2002년보다 무려 32% 증가하는 등 중국에 대한 의존도가 심화되고 있다.

구 분		1999	2000	2001	2002	2003
미국		22.6	24.5	24.7	25.7	23.1
유럽	EU	28.7	26.9	25.6	25.1	24.8
	EU 외 지역	4.4	4.5	4.0	3.9	4.7
	러시아	1.6	0.8	2.0	2.3	2.3
남미	메르코수르	14.1	14.0	10.9	5.5	7.8
	멕시코	2.2	3.1	3.2	3.9	3.8
아시아	중국	1.4	2.0	3.3	4.2	6.2
	한국	1.3	1.1	1.3	1.4	1.7
	일본	4.6	4.5	3.4	3.5	3.2

자료 : EIU, IFS

　세계경제의 기관차로 불리는 중국 및 인도[10]를 비롯해 아시아를 연결하는 태평양 실크로드 개척을 위한 브라질의 준비는 주도면밀하다. 브라질 최대 항구인 산투스(Santos) 항을 출발해 파나마 운하를 통해 아시아로 가는 기존 해상항로는 막대한 물류비용을 감수해야 할 뿐만 아니라 아시아로의 접근을 불가능하게 할 수 있어 룰라의 태평양 실크로드 정책을 공염불로 만들 수도 있다.

　따라서 룰라 행정부는 아시아와의 교역 증대를 위해선 해상항로 단축이 시급한 과제임을 인식해 시베리아횡단철도(TSR)와 유사한 남미횡단 철도를 구상하고 있다. 남미횡단 철도의 노선으로 언급되고 있는 곳은 브라질의 산투스 항과 칠레의 아리카 항으로, 이 노선은 기존의 횡단거리를 7,400km나 줄일 수 있어 기존의 물류비용과 운송시간을 획기적으로 단축시킬 수 있을 전망이다. 남미횡단 철도가 완공되면 파나마·수에즈 운하 수준의 경제적 가치를 창조해 브라질을 남미 대륙의 새로운 주인으로 거듭 태어나게 할 것이다.

브라질에 대한 세계의 평가

골드만삭스의 보고서 〈Dreaming with BRICs〉에 따르면, BRICs 국가들은 모든 것이 제대로 된다면(If things go right), 향후 40년 안에 G6 국가들보다 더 큰 경제규모를 보일 것이라고 전망했다. 그렇다면 모든 것이란 무엇을 의미하는 것일까? 경제성장론과 재정정책에 관한 연구로 정평이 나 있는 하버드 대학 로버트 배로(Robert Barro) 교수[11]는 지속적인 경제성장의 달성 조건으로 교육을 통한 인적 자원의 확보, 민간 및 공공투자의 증대, 높은 생애주기, 낮은 출산율, 낮은 물가상승률, 정치적 안정성의 확보 등을 제시했다. 그러나 BRICs 가운데 어느 국가도 어느 하나 충족할 만한 거시경제지표를 보이고 있지 못한 것이 현실이다.

브라질의 신용평가 결과

구 분	무디스	S&P	피치IBCA
2004년 9월	B1	BB–	BB–
2002년	B2(8월)	B+(7월)	B+(10월)

자료 : Moody's, S&P, FitchIBCA

그러나 앞에서 설명했듯이 룰라 행정부의 지속적인 개혁의지, IMF 권고안의 충실한 수행으로 건전한 거시경제지표 회복 등 배로 교수가 얘기한 조건을 하나씩 충족시키고 있다. 실례로 투자의 직간접적 영향을 미치는 대외신뢰도에서 세계 3대 신용평가사인 무디스(Moody's), S&P, 피치(Fitch)IBCA 등은 앞다투어 브라질의 신용등급을 상향 조정하고 있다.

이러한 신용등급의 상향 조정으로 브라질 기업들과 정부는 해외차입 비용을 크게 절감할 수 있게 됐고 외국인 직접투자는 마이너스 성장률을 기록했던 2003년의 80억 달러에서 2004년 120억 달러로 증가하는 추세를 보이고 있다. 자본 축적의 가속화와 브라질의 값싼 노동력의 결합은 향후 브라질의 지속적 경제성장(Sustainable Economic Growth)의 가능성을 한층 높일 것으로 전망된다.

02

천연자원과 첨단기술로 세계 무대를 누빈다

현재로선 불투명하지만 가능성의 조건을 가진 나라 브라질의 전체 면적은 855만km^{2}로 남미 대륙의 47%를 차지하는 대국이다. 이 면적은 러시아·캐나다·중국·미국에 이어 세계 5위이며, EU 국가들의 면적 총합과 맞먹을 정도다. 광활한 대륙에서 나오는 다양한 천연자원, 국토의 60%인 510만km^{2}가량이 세계 산림면적의 10%에 해당하는 정글과 산림, 277만km^{2}의 영해에서 300종 이상의 어류가 서식하는 풍부한 수산자원을 가지고 있는 자원 대국이다. 그러나 브라질은 천연자원만을 가진 단순한 1차 산업국가가 아니다. 2007년 원유 순수출국으로의 부상이라는 비전에 걸맞게 세계 최고의 심해 시추 능력, 세계적 수준의 중소형 항공기 제조기술 보유, IT 첨단국가로서 그 가능성을 인정받고 있다. 만약 브라질이 보유한 천연자원과 기술의 힘이 합쳐져 가시화될 경우 골드만삭스 보고서의 예측은 정확히 맞아떨어질 것이다.

원유에서 광물까지, 천연자원의 보고

풍부한 광물자원

1500년경 포르투갈에 의해 발견된 브라질은 일찍이 자원의 보고로 인식되어 왔다. 사탕수수라는 당시의 고부가가치 상품이 발견되면서 이의 경작을 위해 아프리카[12]에서 대규모의 흑인노예들을 수입했으며, 미나스제라이스 주에서 대규모 금광이 발견되어 18세기 금 수출의 주요 국가로 부상했다.

현재 브라질의 천연자원 매장량 및 생산량은 세계적인 수준이다. 주석, 흑연, 고령토의 매장량은 세계 2위, 철광석, 망간, 마그네사이트 등의 생산은 세계 5위권 안에 진입해 있으며, 이 가운데 철광석의

브라질의 광물자원

구 분	매장량		생산량	
	비중(%)	세계 순위	비중(%)	세계 순위
주석	22.4	2	4.4	5
흑연	25.9	2	8.0	3
고령토	28.5	2	7.9	3
알루미늄	7.6	3	9.4	3
망간	3.0	4	13.3	4
마그네사이트	7.8	4	8.5	5
철광석	6.4	5	19.1	2

자료 : 한국수출입은행

경우 브라질 제2의 수출품으로 전체 광물 수출의 15% 이상인 30억 달러를 수출하고 있다.

이러한 광물 수출은 1995년 외국기업에 대한 자원개발 시장의 문호 개방과 공기업의 민영화 전환이 계기가 되었다. 브라질의 광물 수출 전략은 앞으로 지속될 전망이다.

상상을 초월한 원유 매장량

최근 국제유가 급등으로 인한 원유전쟁이 가속화됨에 따라 원유의 중요성이 부각되고 있는 시점에서 브라질 국영석유공사 페트로브라스

| 브라질의 석유개발사[13] |

브라질의 석유탐사는 1859년에 시작됐으나, 본격적으로 석유 산업에 관심을 기울인 시점은 베네수엘라(전체 남미 석유 확인 매장량 중 81.2%를 보유)가 세계 최대 수출국으로 부상한 1930년대부터다. 1939년 바이아 주 라바투(Labato)에서 석유가 처음으로 발견되고 1941년 칸데이아스(Candeias) 유전에서 처음으로 석유생산이 시작됐다. 1953년 브라질 정부는 페트로브라스라는 국영석유공사를 설립한 후 브라질 해안 근처의 석유 탐사작업에 몰입하면서 캄푸스, 세아라(Ceará), 포티구아르(Potiguar) 등에서 거대 유전을 발견하는 쾌거를 달성한다.

그러나 1970년 당시 원유의 90%를 수입에 의존하던 브라질은 제1·2차 석유파동으로 심각한 경제위기에 봉착하게 되어, 석유산업에 대한 대대적인 개방을 단행했다. 그 후 현재까지 셸(Shell), 셰브론텍사코(Chevron-Taxaco), 엑손모빌(Exxonmobil), 랩솔(Repsol-YPE) 등의 세계적인 기업들이 브라질 원유 개발에 참여하고 있다.

구 분		1998	1999	2000	2001	2002
원유 (천 배럴)	Offshore	778	907	1,041	1,097	1,257
	Onshore	226	225	230	239	243
	총계	1,004	1,132	1,271	1,336	1,500
천연가스 (천 cf)	Offshore	651	742	806	820	903
	Onshore	356	366	518	571	608
	총계	1,007	1,108	1,324	1,391	1,511

자료 : 한국수출입은행

와 외국기업들과의 합작 개발로 최근 캄푸스(Campos) 해안에서 22억 배럴의 매장량을 확인했다. 브라질의 확인 매장량은 1998년 42억 배럴에서 2003년 130억 배럴로, 캄푸스 해안 매장량을 합하면 150억 배럴을 상회하며, 아마존 일대의 원유 매장량을 합하면 가히 상상을 초월할 것으로 기대된다.

이러한 매장량의 증가로 인해 생산량 또한 해마다 증가하는 추세다. 1970년대 원유 수입국가였던 브라질은 1998년 1일 100만 4,000 배럴의 원유를 생산했으나 2003년에는 무려 50% 가까이 증가한 150만 배럴을 생산하고 있다.

천연가스도 예외가 아니다. 현재 원유 매장량과 생산량에는 못 미치지만 앞으로 산업생산의 다양화, 민간부문의 소비가 증대될 경우 그 생산량은 원유에 못지않을 전망이다. 한 보고서에 따르면 브라질의 천연가스 추정 매장량은 5조m^{3}로 전체 남미 미발견 천연가스의 40%에 육박할 것으로 보고 있다.

뿌리면 무엇이든 자라는 땅

거대한 농토를 바탕으로 노동 총인구의 40%가 종사하는 브라질의 농업은 GDP의 16%(2002년 기준), 수출의 41%를 차지하는 중요한 산업임에 틀림없다. 그러나 경작 가능한 광활한 대지(약 376km²)에 비해 경작면적은 전국토의 5.4%에 불과한 점으로 보면 참으로 보잘것 없는 수치임에 틀림없다. 따라서 브라질 정부는 1970년 공업화 우선 정책에 따라 낙후된 농업 기술의 부활을 위해, 1990년대 들어 정부의 특별대출, 레알화 평가절하 등으로 수출 경쟁력이 제고되면서 높은 성장률을 기록했으며, 2002년에 이르러 각종 농업육성 정책이 도입됨에 따라 브라질 주요 수출품목의 생산이 큰 폭으로 증가했다.

브라질의 수출품목을 살펴보면 커피, 오렌지, 원당의 생산은 세계 1위이며, 브라질 수출품목 중 1위(50억 달러)인 대두 생산은 세계 2위다. 전국토의 20%가 초원으로 풍부한 목축 여건과 음식제조 프로세스의 높은 생산성을 갖고 있는 닭고기와 쇠고기 분야는 세계 최대

브라질의 작물 생산현황 (단위 : 천 톤)

구 분	1999	2000	2001	2002	2003
면화	990	1,307	1,718	2,167	2,195
대두	30,987	32,821	37,693	42,027	51,611
커피	3,263	3,807	1,918	2,493	1,975
원당	333,848	326,121	345,941	363,721	387,130
코코아	205	197	184	174	170

자료 : 한국수출입은행

| 소수집단의 토지 소유 집중화──라티푼디우스 |

앞에서 설명했듯이 브라질은 세계 5위의 국토 면적을 가지고 있으며 경작 가능 면적에 있어 남한 면적(약 10만km²)의 38배인 376만km²를 가진 거대 농업 국가다. 그러나 경작 가능한 농토의 26%(남한 면적의 10배)가 소수의 지배계층에 집중되어 있는 암울한 현실이다. 포르투갈의 식민지 시절부터 존재했던 라티푼디우스(Latifundios)라 불리는 거대한 지주의 관할 사유지로 인해 현재 소작농이 소유한 농지 면적은 전체의 1.5%에 불과해 사회적 불만이 이만저만이 아니다. 이러한 토지 소유의 불평등을 해소하기 위해 룰라 행정부는 최근 토지개혁법안을 제시했으며 브라질 무토지농민운동단체(MST)가 결성됐다.

수출국의 위치에 서 있다. 실례로 2003년 닭고기 수출은 8억 달러, 쇠고기 수출은 7억 7,000만 달러를 기록하고 있다. 최근 국제 농산물 가격이 상승 중이어서 브라질 농업이 전체 GDP에서 차지하는 비중은 점차 증가할 것으로 전망되며 농업대국으로서의 위상이 높아질 것이다.

세계가 주목하는 첨단기술

"브라질이 가진 것이 무엇인가?"라는 질문을 받으면 사람들은 당연히 축구, 자원, 아마존 등이라고 답할 것이다. 한국 사람들은 우리나라가 IT 인프라를 가장 잘 갖춘 나라 중 하나라고 생각할지 모르나 브라질은 IT 국제경쟁력 면에서 세계 18위에 서 있는 IT 강국이며, 세계 최첨단 항공 제조기술을 보유한 항공국가로 군림하고 있다는 점을 알아야 한다.

IT 인프라 강국[14]

IT를 새로운 경제성장 동력의 하나로 여기는 다른 나라와 같이 브라질도 IT에 대한 투자를 지속적으로 늘리고 있다. 1995년 189억 달러에서 2001년 500억 달러[이는 2001년 기준 GDP의 10%, 전체 민자유치프로젝트(PPP)의 4배에 가까운 수치임]를 IT 사업에 투자할 정도이니, 브라질 정부의 IT에 대한 집념과 열정이 얼마나 높은지 알 수 있다. 브라질 정부의 이러한 노력의 결실일까? 브라질의 전자정부 수준은 과거 식민 지배자였던 포르투갈, 일본, 이탈리아 등을 앞질러 세계 18위를 기록하고 있다.

브라질의 IT 성장속도 또한 놀랍다. 브라질 IT 시장은 1993~2001년 사이 연 15.8%씩 성장할 정도로 세계에서 가장 빠르다. 세계 유명 연구기관인 IDC(International Data Corporation)에 따르면, 브라질 IT 시장은 2003년에는 93억 달러에 달했으며 2004년부터는 연평균 6.5% 성장해 2008년에는 127억 달러에 이를 것으로 전망했다.

브라질은 특히 민자 유치를 위해 시장개방에 대한 강력한 의지를 갖고 있다. 예를 들어 통신시장의 민영화 및 시장개방 등을 통해 1998년 28개 지역사업소를 가지고 있었던 국영통신회사인 텔레브라스(Telebras)의 효율적 운용을 위해 민영화를 단행했으며, 유무선 통신시

장을 해외 통신사업자에게 개방함으로써 통신시장의 선진화를 이룩하고 있다.[15]

IT 강국으로의 성장과 정보격차의 해소를 위해 2001년부터 시행된 정보화사회 프로그램(Information Society Program) 운용을 통해 교육·건강·행정 서비스 전반에 걸친 정보화 촉진을 단행하고 있으며, 이 프로그램의 성공적인 발전을 위해 통신사업자 수익의 1%를 통신 서비스 기금에 적립토록 하고 있다. 또한 인터넷 보급의 확산을 위해 전국 중·고등학교에 1만 3,227대의 PC를 보급했으며, 향후 2억 달러 규모의 재원을 투입해 IT와 인터넷을 활용한 건강관리 시스템(Healthcare System)을 구축할 예정이다. 특히 건강관리 시스템 사업의 하나로 초고속 인터넷망 구축을 통한 원격진료 서비스(Telemedicine System) 활성화, 전자 스마트카드를 활용한 의료기록의 전산화 작업을 진행할 예정이다.

세계 최첨단의 항공 제조기술

1946년 브라질 정부는 항공기 제작을 위해 항공기술센터(Centro Tecnico de Aeronautica : CTA)를 설립했다. 20년이라는 세월이 지난 1965년 IPD 6504라는 항공기 제작 프로젝트를 실행한 결과 반데이란테(Bandeirante)를 개발·생산하는 데 성공했다.

항공기 제작 산업에 박차를 가하기 위해 브라질 정부는 기존의 CTA 연구진을 중심으로 엠브라엘(Embraer)이라는 국영 항공제작회사

엠브라엘의 실적 (단위 : 백만 달러)

구 분	1998	1999	2000	2001	2002
순매출	1,354	1,837	2,762	2,927	2,526
주문	4,112	6,367	11,449	10,693	9,034
고용인 수(명)	6,737	8,302	10,334	11,048	12,227

자료 : EIU, 브라질 통계청

를 설립했다. 이어서 지역 운송능력을 가진 EMB-120 브라질리아(Brasilia), 항공훈련기인 EM-312 투가노(Tucano), 이탈리아 항공제작사인 아레니아(Alenia)와 함께 AMX 전투·폭격기 개발 프로젝트에 참가함으로써 운항 중 요격 능력과 관리·통제 소프트웨어 개발기술을 획득하기에 이른다.

우수한 항공기 제작 및 생산기술을 가진 엠브라엘은 판매 감소와 적자 누적으로 인해 결국 1994년 민영화의 길로 접어들었다. 그러나 민영화 이후 판매실적은 몰라보게 좋아져 1998년 14억 달러의 순매출 기록을 시작으로 2001년 29억 달러의 놀라운 순매출 실적을 달성한다. 또한 브라질은 엠브라엘이 제작하는 30~120인승 항공기 제작 분야에서 40%의 세계시장을 점유하고 있는 선진 항공기 제조 국가다.

03
브라질 코스트를 해결하라

룰라 행정부는 브라질 사회의 고질적 병폐인 빈부격차를 해소하기 위해 각종 구조개혁을 단행하고 있으며, 지속적인 경제성장을 달성하고 만성 재정적자를 축소하기 위해 다양한 긴축재정 및 금융정책을 시행하고 있다.

또한 대외신뢰도 회복을 통한 외국인 직접투자 유치에 각고의 노력을 기울이고 있다.

그러나 이러한 정책에 앞서 룰라 정부가 선결해야 할 과제들이 남아 있다.

즉 복잡한 법체계, 고율의 세금, 높은 금융비용, 인프라 부족 등과 같은 이른바 '브라질 코스트(Brazil Cost)' 다. 브라질 코스트가 해결되지 못할 경우 브라질의 장래는 그리 밝지 않으며, 앞으로도 넘을 수 없는 장애 요인으로 작용할 것이다.

외국인 직접투자를 저해하는 낮은 노동생산성

신이 내린 풍부한 자원, 무시할 수 없는 첨단기술의 잠재력을 가진 브라질이 만년 2류 국가라는 굴레에서 벗어나기 위해서는 인프라에 대한 투자가 필요하다. 현재 매년 적자인 브라질의 국가 재정상황을 고려하면 투자를 활성화하는 가장 빠른 방법은 적극적인 외국인 직접투자(Foreign Direct Investment : FDI) 유치다.

그러나 외국인 직접투자를 유도하기 위해서는 기본적으로 갖추어야 할 것들이 있다. 생산성을 가진 값싼 노동력이 바로 그것이다. 브라질은 기본적으로 풍부한 노동력을 갖고 있으나 생산성이 매우 떨어진다. 브라질의 노동생산성은 미국의 37%, 한국의 36% 수준에 불과해 외국계 기업들은 진출을 꺼려왔다.

복잡한 조세제도에 따른 높은 기업 부담

룰라 행정부는 부가가치세의 일종인 유통세(ICMS)를 단순화하기 위해 노력하고 있으나 정부수입 중 대부분은 기업에 의한 것이다. 이는 국내외 기업들이 브라질에 투자를 꺼리는 요소다. 맥킨지(McKinsey) 보고서에 따르면, 미국이 브라질의 발전 단계 수준이었던 1913년 당시에는 법인세 수입이 GDP의 3.8%에 불과했으나 브라질의 경우 법인세 수입이 GDP의 24.9%에 달한다니 기업의 부담이 어느 정도인지

구 분	법인세	인세	기타
브라질	24.9	4.4	9.1
미국(2000)	13.6	19.2	5.3
미국(1913)	3.8	2.0	1.7

자료 : William Lewis, *The Power of Productivity*, 2004
*브라질은 1998년 기준임

짐작이 된다. 따라서 국내외 기업의 투자를 위해서 브라질은 현재의 복잡한 조세체계와 기업의 부담을 줄여야 한다.

낮은 수준의 안보력

WEF의 2004년 보고서에 따르면 '테러 발생시 기업에 미치는 부담 정도'에서 브라질은 총 104개 대상 국가 중 핀란드에 이어 2위를 차지했다. 다시 말하자면 그만큼 해외 기업의 투자 위험도가 높다는 것을 의미하기도 한다.

테러가 비즈니스 비용에 미치는 정도

구 분	1위	2위	3위	39위	103위	104위
국가	핀란드	브라질	우루과이	한국	이스라엘	콜롬비아
점수 (7점 만점)	6.2	6.2	6.2	5.4	2.9	2.7

자료 : World Economic Forum, *The Global Competitiveness Report 2004-2005*, 2004

브라질의 유망산업과 진출 전략

브라질의 유망산업과 관련해 우리의 대 브라질 진출 전략을 살펴보면 크게 네 가지로 요약할 수 있다.

첫째, 원유 등 브라질 자원시장으로의 진출이다. 최근 유가 급등은 수출주도형 산업을 가진 한국 같은 나라의 경쟁력을 약화시킬 전망이다. IMF 보고서[16]에 따르면, 2005년의 유가는 80달러에 육박해 한국의 지속적 경제성장의 발목을 잡는 주요 요인으로 작용할 수 있기 때문에 부존자원의 확보가 시급한 실정이다. 그러나 한국은 해외 자원시장 확보 차원에서 다른 나라에 훨씬 못 미치며, 걸음마 수준에 있다고 해도 과언이 아니다. 따라서 지속적으로 경제를 성장시키기 위해서는 국가 차원의 해외 부존자원 확보가 절실하게 필요한 시점이다. 그러므로 풍부한 부존자원을 가진 브라질 자원시장의 진출을 진지하게 고려해 봐야 한다.

둘째, 항공 분야에서 전략적 제휴 모델 구축이다. 앞에서 설명했듯이 브라질의 항공기술 수준은 세계적이므로 이에 대한 진출을 고려해 볼 만하다. 보잉(Boeing)의 보고서[17]에 따르면, 앞으로 세계 항공기 시장 규모는 2조 달러, 서비스 영역을 포함하면 4조 7,000억 달러에 육박할 전망이다. 세계 항공기 시장은 G6 선진국들이 독점하다시피 하고 있다. 실제로 세계 항공기 시장의 점유율은 미국 56%, 프랑스 8%, 독일 5%, 브라질 40%(중소형 항공기)로, 한국의 세계 항공기 시장점유율 0.4%(1999년 기준)에 비해 엄청난 수준이다. 따라서 항공기 시장, 특히 동북아 물류 허브의 중심 국가로 성장하기 위해선 브라질의 중소형 항공기 제작 기술을 활용해 선진 항공기 제작 국가로 나아가야 할 시점이다.

셋째, 브라질의 농업시장을 공략해야 한다. 낮은 식량자급률 (26.9%)과 척박한 자원으로 어려움을 겪고 있는 한국은 앞으로 거대 식량생산 국가들의 식량 독점, 환경오염으로 인한 토지 생산성 저하, 농업시장 개방화 등에 따른 식량 전쟁의 소용돌이 속에 빠질 것이다.

현재 세계 식량구조를 살펴보면 신젠타(Syngenta)와 몬산토(Monsanto) 등이 300억 달러 규모의 세계 농작물 시장을 석권하고 있다.

최근 한국은 한국 · 칠레 FTA(Free Trading Agreement) 협상이 발효되고 WTO의 도하개발아젠다(Doha Development Agenda : DDA) 등 농업시장 개방에 대한 사회 각층의 이견이 충돌하면서 심각한 사회적 갈등을 보이고 있다. 농업 시장의 경쟁력 향상을 위한 시장개방의 필요성은 인정되나 사고의 전환이 필요한 시점이다.

마지막으로 브라질 자동차시장으로의 진출이다. 향후 남미공동체

시장과 FTAA 체결, EU와의 FTA 체결이 가속화될 경우 브라질의 자동차 내수시장은 미국 및 유럽산 자동차로 붐빌 것이 분명하다. 따라서 미·유럽산 제품이 선점하기 전에 남미 거대 내수시장을 가진 브라질의 자동차시장을 선공해야 할 것이다.

브라질의 풍부한 자원시장을 개발하라

브라질은 국토의 60%가량이 세계 산림 면적의 10%에 달하는 정글 및 산림지역이라 풍부한 임산자원을 보유하고 있으며, 277만km^2의 영해에서 300종 이상의 어류가 서식하는 풍부한 수산자원을 가지고 있다. 또한 철광석, 석탄, 주석, 망간, 흑연, 고령토 등 30종에 이르는 막대한 양의 광산자원을 보유하고 있으며, 원유 및 천연가스 등도 풍부해 세계 15위의 원유 매장국이기도 하다. 현재 2006년 석유의 완전 자급자족을 목표로 하고 있으며, 2007년부터는 석유수출국 대열에 합류할 것으로 전망되고 있다.

그 동안 브라질 자원개발 시장은 외국기업에 대한 문호 개방에도 불구하고 세계 자원시장에서의 초과공급 현상과 이에 따른 국제자원 가격 하락, 브라질경제 불안, 자원개발관련 제도의 투명성 부족, 규제 행정의 개혁 부진, 높은 사업 리스크 등으로 외국기업의 참여가 매우 제한적으로 이루어져왔다. 그러나 2004년 하반기 이후 국제 원자재 난으로 자원개발 사업에 대한 관심이 커지면서 브라질 자원개발 시장에 참여하는 외국인 직접투자가 활성화되고 있다.

브라질 자원개발 사업은 높은 국제 비교우위를 갖고 있고, 산업 내 경쟁관계도 크지 않아 투자매력도는 양호한 것으로 평가된다. 현재까지 개발된 브라질의 광물자원이 전체 매장량의 10% 수준에 불과하므로 브라질 정부 역시 부존자원을 활용해 경제성장을 가시화하고자 노력하고 있다.

브라질 자원개발 시장은 현재 중요한 전환기에 놓여 있다. 세계 각국의 자원 확보를 위한 보이지 않는 경쟁이 치열하게 전개되면서 브라질이 보유하고 있는 미개발 자원에 대한 투자가 급속히 확대될 것으로 전망된다. 외국인 투자자들이 특히 관심을 보이고 있는 광업 분야는 석유, 천연가스, 철광석, 철강, 석탄, 금, 구리, 다이아몬드 등이다.

반면 우리나라 기업의 중남미 자원개발 사업 진출은 아직 극히 부진하다. 석유 및 가스 부문은 브라질·아르헨티나·페루·볼리비아·베네수엘라 등지에서 일부 참여하고 있으나 일반 광물의 경우 현재 생산이 이루어지고 있는 사업은 (주)동원의 볼리비아 금광사업이 유일하다.

제조업으로 분류되어 자원개발 사업통계에 잡히지 않고 있으나 포스코의 브라질 철강원료 생산회사가 성공적인 투자사례로 꼽히고 있으며, SK(주)도 최근에 브라질 캄푸스 해상광구에서 원유를 발견한 것으로 발표했다.

국제 자원시장의 환경이 과거보다 크게 개선됐지만 브라질 자원개발 시장은 여전히 기회와 위협이 동시에 존재하고 있다. 자원개발 사업은 수요와 공급이 비탄력적인 시장의 특성상 소규모의 수요량이나 공급량의 변화만으로도 단기간에 국제 원자재 가격이 폭락할 수 있으며, 대규모 장기투자가 필요한 기본적으로 진입장벽이 높은 산업이다. 따라서 우리 기업의 브라질 자원개발 시장 진출은 단독투자 방식보다는 브라질 주요 기업과의 합작투자 방식을 취하는 것이 바람직할 것이다. 한편 자원개발사업의 위험부담을 최소화하고 자원의 안정적 확보를 위한 방안으로 브라질 기업이 추진하는 투자 프로젝트에 대한 지분 참여도 고려해 볼 수 있다. 브라질의 경우 국내 자본 부족으로 외자 유치에 적극 나서고 있어 우리 기업이 브라질에 직접 진출해 사업을 영위하지 않아도 안정적인 자원 확보 및 배당 수익을 기대할 수 있다.

자원이 턱없이 부족한 우리나라는 해외에서 원자재를 수입해 국내에서 제작한 제품을 다시 해외로 수출함으로써 국가경제를 발전시켜 왔다.

이런 점에서 정부가 2004년 아르헨티나, 브라질 등 자원부국들을 상대로 거둔 자원외교 성과를 바탕으로 본격적인 해외자원 선점에 나선 것은 다행한 일이다.

외환위기를 겪으면서 민간 기업들이 해외자원 부문을 가장 먼저 축소했으며, 이에 따라 오늘날의 고유가 시대를 더욱 어렵게 하고 있다는 것을 타산지석으로 삼아야 한다. 양국 간 자원협력위원회 구성과 자원협력협정 체결 등 외교적인 노력이 필요하며, 브라질 지방정부와의 긴밀한 관계 구축에도 힘을 쏟을 필요가 있다. 또한 해외 자원

개발 사업이 활성화되고 성공하기 위해서는 기업들이 의지를 갖고 참여할 수 있도록 지원제도를 보강하고 환경을 조성하는 데 앞장서야 할 것이다.

하늘의 강자, 브라질의 항공산업과 협력하라

광활한 남미 대륙 정복을 위해 중소형 항공기 개발 및 제조에 박차를 가해 중소형 항공기 시장에서 세계 시장점유율 40%를 가진 브라질의 엠브라엘은 현재 남미 최대의 항공기 제작업체로 1999~2001년 동안 단일 기업으로는 최대 수출액을 기록하고 있다.[18]

성공적인 민영화의 결과로 매출 증가세가 두드러져 1996년 3억 9,000만 달러였던 판매수입이 2003년 21억 4,000만 달러를 기록했고 당기순이익도 1998년 이래 흑자를 지속하고 있다. 현재 국내선용 중소형 항공기 시장에서는 캐나다의 봄바르디어(Bombardier)[19]와 더불어 치열한 선두경쟁을 펼치고 있다. 최근에는 캐나다의 봄바르디어를 제치고 에어캐나다(Air Canada)에 최신 중형 항공기 EMB-190의 45대 계약을 성사시키는 등 봄바르디어의 몫을 야금야금 뺏고 있는 상황이다.

최근에는 중국을 포함한 아시아 시장에도 눈독을 들이고 있다. 2002년 말엔 중국 현지에 합작사를 세우기도 했으며 중국 항공사들과 대규모 계약을 눈앞에 두고 있다. 국내선용 중소형 항공기에 대한 중국의 잠재수요는 현재 세계 항공업계의 뜨거운 관심을 모으고 있

세계 항공시장 전망

구 분	2004~2023
세계경제 및 교통량 성장	• 세계경제는 평균 3% 성장 • 승객 증가율은 평균 5.2% 성장 • 화물 교통량은 평균 6.2% 성장
상용항공기 수요	• 단거리 항공기는 17% 성장하며 단일 통로를 가진 항공기는 58% 성장할 전망 • 총 항공기시장은 2조 달러에 이르며 2만 5,000여 대의 상용항공기가 운항될 전망

자료 : 보잉(Boeing), 〈2004년 항공시장전망 보고서〉, 2004

다. 엠브라엘 자체적으로는 중국이 향후 20년 간 국내선 수요를 충당하기 위해 30~110인용 항공기 635대를 발주해야 할 것으로 추산하고 있다. 중국은 WTO에 가입하면서 중형 항공기에 대한 관세를 철폐하기로 공약했기 때문에 이 시장을 두고 각국 업체들의 치열한 각축전이 전개될 것으로 예상된다. 엠브라엘이 중국 진출을 발판 삼아 향후 보잉과 에어버스(Airbus)의 2파전에 균열을 일으킬 수 있을지도 주목되고 있다.

한편 국토 면적이 좁은 우리나라에서는 그 동안 중소형 항공기 수요가 크지 않았다. 그러나 동북아 경제 허브를 구축하고 있는 상황에서 향후 중소형 항공기에 대한 수요가 크게 증가할 것으로 전망된다. 현재 한·중·일 3국의 GDP가 세계 GDP의 20% 이상을 차지하고 있으며, 세계 무역거래 규모 역시 빠르게 증가하고 있다. 2010년에는 동북아 지역경제가 세계총생산에서 차지하는 비중이 27%까지 커지고 세계 무역에서 차지하는 비중도 30%까지 상승할 전망이다. 이러한 엄청난 시장을 상대로 경제 허브의 역할을 하려면 동북아 경제권 내 인력과 상품의 흐름이 신속히 이루어져야 할 것이다. 우리나라는 서울을 중심으로 반경 3시간 비행 거리에 인구 100만 이상의 도시가 43개나 자리해 있다. 따라서 앞으로 국내 항공기 산업에서는 대형 항공기보다 중소형 항공기 수요가 증가할 것으로 보인다.

이러한 점을 고려할 때 국내 항공산업 관련 기업들은 브라질의 중소형 항공산업과 긴밀한 관계를 구축할 필요가 있다. 국내 항공산업의 발전 모델은 대형 항공기 제작보다는 중소형 항공기가 적합하다. 2004년 11월 노무현 대통령의 중남미 순방 때 대한항공과 브라질 항공기 제조업체인 엠브라엘이 항공산업 협력을 강화하기로 합의했다. 앞으로는 항공기 구매와 관련해서 뿐만 아니라 전략적 제휴 등을 통해 습득한 기술을 바탕으로 초기 단계인 국내 항공산업을 한층 발전시킬 필요가 있다.

동북아 경제 허브 구축에 따른 자체 중소형 비행기 수요뿐만 아니라 장기적으로는 중국시장에 수출할 수 있도록 중소형 항공기 기술 개발에 전념해야 할 것이다.

따라서 기업 및 연구기관 등 민간 차원에서 적극적으로 브라질과의 전략적 제휴를 통한 항공산업 개발에 그 노력을 경주해야 할 것이며, 정부 차원에서도 이러한 방향에서 모든 외교적 채널 등을 통해 민간 참여를 적극 지원해야 할 것이다.

천혜의 땅을 기회로 삼아 플랜테이션 농업에 진출하라

농업 강국, 브라질

브라질은 광활한 토지자원, 양호한 기후조건을 바탕으로 농업 강국인 미국을 위협할 정도로 농업분야에서 급속한 성장을 보이고 있다. 브라질은 2003년 농산물 수출액 306억 3,900만 달러로 전체 수출에서 차지하는 비율이 42%에 이를 만큼, 농업은 브라질경제에 매우 중요한 역할을 담당하고 있다. 특히 과거 40년 동안 옥수수·대두·소맥 부문에서 세계 최고의 수출국 자리를 유지해 왔으나 1990년 이후 브라질의 농업생산이 비약적으로 발전해 몇몇 농산물(커피, 오렌지, 원당, 대두, 닭고기, 쇠고기)은 세계시장에서 미국과 경합[20]할 정도로 발전했다.

한편 놀랄 만한 브라질 농업의 성장 뒤에는 미국의 경제적 논리가 크게 작용하고 있다. 다시 말하면 농업에 시장 원리를 도입해 이 부문에 대한 정부 보조를 완화하거나 철폐하고 규제완화 등을 통해 브라질의 농업경제 체질을 만든 것이 장기적으로 현재의 농업 경쟁력을 갖추게 했다고 볼 수 있다.

1990년대 초반까지만 하더라도 브라질경제는 수입 대체산업 육성을 비롯한 산업 각 부문에 보호주의 색채가 강했으나 이러한 내부지향적인 정책이 악성 인플레이션 등의 부작용에 의해 실패한 성장 모델로 전락하게 됐다.

그러나 1990년대 초반 이후 그 때까지 견지해 왔던 내부지향적인 정책에서 시장 자유화를 중심으로 외부지향적인 경제정책들이 도입되면서 규제가 심했던 농업부문의 세계시장 편입이 가속화됐다.

이에 따라 브라질 정부는 농업기술 향상을 위한 투자를 활성화하는 한편, 무역 부문에서는 규제를 완화함으로써 농기구 등의 도입을 촉진시켰다. 이로 인해 대규모 기계화 농법의 적용이 가능해짐에 따라 상업적인 농업이 브라질에서 발전하게 됐다.

플랜테이션 진출이 주는 또 다른 기회

1990~2002년까지 브라질은 농업분야에서 평균 2.7%[21]의 성장을 달성해 왔으며, 향후에도 지속 성장할 가능성이 높아 대규모 플랜테이션을 중심으로 한 농업분야 진출이 유망할 전망이다.

특히 전국토의 5%에 이르는 경작면적의 절반가량이 소수 대주주들에 의해 소유되어 있으며, 농민의 80%가량이 토지를 소유하고 있지 못한 상태로, 실제 토지이용률이 낮아 전체 농업 생산성의 비약적인 상승은 바라기 힘든 상황에 처해 있다. 따라서 자본과 기술을 제공하면서 현지의 값싼 노동자들을 이용해 기계농법을 도입하고 다각적인 플랜테이션 경영을 하면 현지 진출이 가능할 것으로 판단된다

현재 브라질의 경우, 과거 남부와 중남부에 집중되어 있던 농업생산과 제조부문이 최근 중서부 및 북동부 지역에까지 확대되고 있어 플랜테이션 부문의 진출에 유리한 상황이 전개되고 있다.

더군다나 앞에서 지적한 바와 같이, 브라질의 농업정책이 외향적이

기 때문에 플랜테이션을 통한 작물의 수출뿐 아니라 수확물을 이용한 제조부문에의 진출로 농작물의 부가가치를 한 단계 더 높일 수 있다는 장점이 있다. 그뿐만 아니라 브라질이 세계 다국적 기업의 플랜테이션 농장으로 주목받는 또 다른 이유는 바로 땅값이 싸다는 점이다. 싼 지가는 진출한 기업의 고정비용을 낮춰 비용 경쟁력을 상승시킨다.

단적인 예로, 현재 미국 농부들, 특히 아이오와 주 농장의 브라질 농업 투자가 증가하고 있다. 현재 미국의 200개를 웃도는 농장이 브라질에서 농업에 종사하고 있다. 미국 아이오와의 농지는 1에이커당 2,400달러이지만 브라질의 경우 1에이커당 400~500달러로 미국의 16~20% 수준에 불과하다. 또 열대성 기후 덕분에 이모작이 가능하다는 점 또한 농업 진출에 유리한 조건을 조성하고 있다.[22]

한편 브라질에는 이미 유럽의 주요 곡물 업체들이 진출해 있기 때문에 곡물 및 가공품의 수출을 위한 보관창고, 항만시설 등의 인프라가 정비되어 있다.

브라질 곡물시장이 국제 선물거래 센터인 시카고 곡물 시장과 일상적으로 거래를 하고 있다는 점 또한 플랜테이션 진출에 유리한 요소로 작용한다. 따라서 유럽 대부분의 곡물 업체들이 앞다투어 브라질에 진출한 이유도 바로 여기에 있다고 할 것이다.

반면 우리 농업이 브라질로 진출하게 되면 곡물 또는 열대작물 재배를 위한 농기계 등 자본재를 생산하는 기업의 동반 진출 또한 기대할 수 있다는 점에서 전략적으로 매우 중요하다.

현재 브라질의 농기계 시장에서는 미국·일본 등 선진국 기업들에 의해 치열한 시장점유율 확보 경쟁이 벌어지고 있다. 이 가운데 특히 미국은 플랜테이션 부문 주요 기업뿐 아니라 농기계 부문, 인프라 부문에도 적극 진출하고 있다. 따라서 플랜테이션 진출은 단지 농업분야뿐 아니라 가공, 인프라 등과 관련된 기업들의 진출을 촉진시킨다는 점에서 또 다른 중요성을 가진다.

한국보다 큰 자동차 내수시장을 공략하라

허우적거리는 브라질 자동차산업

브라질 정부는 1956년 모든 수입차에 대한 수입금지 조치를 단행했다. 이는 다국적 자동차 기업들이 생산기지를 브라질로 이전시키고자 한 촉진정책이었다. 이에 따라 포드, 폴크스바겐, GM, 피아트 등 4개 기업이 현지에서 직접 생산을 시작했다.

그러나 브라질 자동차산업의 생산성은 일본의 30%, 미국의 35%, 한국의 85% 수준에 불과하며 1980년대 하이퍼인플레이션 및 정부의 자동차 가격 통제로 생산성 증대는 물론 외국투자 유치에서도 부진을 면치 못했다.

1990년대에 들어 브라질 정부는 생산성을 증대하고 투자규모를 확대하기 위해 자동차시장 개방을 추진했다. 수입차 시장을 개방하고 관세율을 80%에서 20%로 인하했다. 그러나 브라질 자동차산업의 취약한 경쟁력 때문에 수입차의 시장점유율이 급격히 증가하면서 다시 관세율을 70%로 높였다.

　잦은 관세율 변화와 취약한 생산능력 등으로 브라질 자동차산업의 발전 속도는 매우 더뎠다. 다만 최근 전반적인 경제여건이 개선되면서 점차 수요가 증대되고 제도적으로도 대외협력을 강화하는 차원에서 개방화가 빠르게 진전되고 있어 향후 발전 가능성은 매우 높다고 판단된다.

그래도 희망은 있다

브라질의 자동차 생산은 1992년 처음으로 100만 대를 돌파했으며

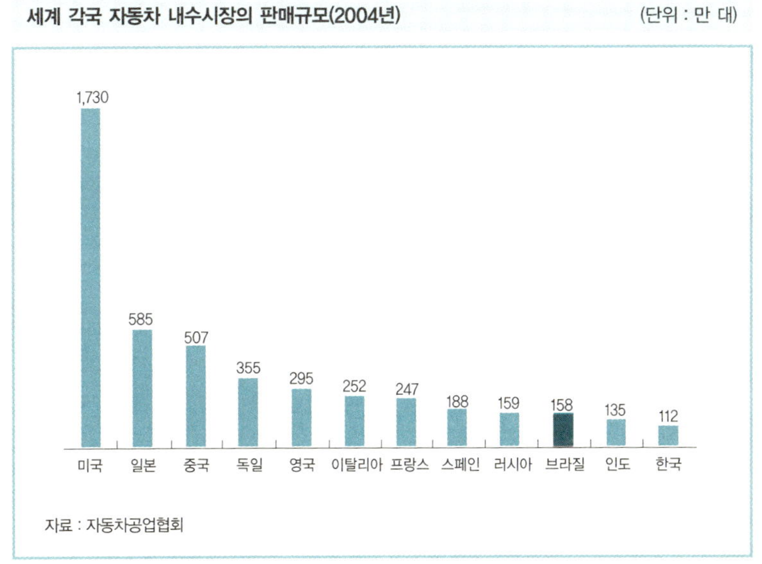

세계 각국 자동차 내수시장의 판매규모(2004년)　　　　(단위 : 만 대)

2003년에는 정부의 금리인하, 전세계 경기의 회복에 힘입어 200만 대 가까운 생산실적을 보였다. 현재 폴크스바겐, 피아트, GM 등이 브라질 자동차시장의 75%를 점유하고 있다. 다국적 기업의 생산설비 투자 확대, 정부의 지속적인 금리인하 정책, 멕시코와 무역특혜협정 등에 따라 자동차 생산이 급증할 것으로 전망된다.

또한 내수 여건도 빠르게 개선되고 있다. 혼다, 도요타, 피아트 등이 브라질 내수 판매가 크게 신장되면서 브라질 내 생산공장 확충에 나서고 있는 것이 이를 방증한다. 실제로 혼다는 브라질 내 판매가 호조세를 보이면서 가까운 시일 내에 생산능력을 100만 대 수준으로 끌어올리는 작업을 추진하고 있다.

브라질의 내수 판매규모는 2004년 158만 대를 기록해 한국의 112만 대보다 규모가 큰 것으로 나타나고 있다. 이는 2003년 대비 8.1% 증가한 규모로 남미 국가들 중 상대적으로 탄탄한 소매시장 구조를 지니고 있는 점이 주요 원인으로 지적되고 있다. 이는 외국 진출 기업들이 적극적인 마케팅을 펴는 데 유리한 점으로 작용하고 있다.

향후 브라질은 중남미 지역 경제통합의 중심 역할을 하고 있어 외국 기업들이 중남미 시장을 공략하는 거점으로 활용할 가능성이 높아 브라질 자동차산업의 전망은 밝은 편이다.

주(註) 해설

1   크루자도 플랜이란, 초기 민간 정부인 조제 사르네이 정부의 재무부 장관 딜손 푸나로(Dilson Funaro)가 1986년 발표한 경제안정화 정책을 의미한다. 이는 화폐개혁, 실업보험의 도입, 인플레이션에 자동 연동되는 임금제도 등의 도입을 통해 근로자를 보호하고자 한 정책이었다. 그러나 인위적인 인플레이션 억제책 사용으로 결국 실패해 모라토리엄을 선언하기에 이른다.

2   1987년 재무부 장관에 취임한 브레세르가 발표한 브레세르 플랜은 정부의 부채축소, 물가안정을 위한 물가 및 임금의 동결 등을 골자로 했다. 그러나 브레세르 플랜 또한 날로 치솟는 물가를 잡는 데 실패했다.

3   1990년 대통령에 취임한 콜로르는 가격, 임금의 동결, 공무원 규모 축소, 공공재산 매각, 공기업의 민영화, 시장개방 등과 같은 대대적인 혁신적 경제정책을 발표한다. 그러나 측근들의 부정부패로 콜로르는 결국 대통령직에서 물러났고 콜로르 플랜은 그 빛을 보지 못했다.

4   룰라 행정부 이전의 연금제도를 살펴보면, 퇴직시점에 가장 높은 임금과 동일한 금액의 연금을 제공하는 공무원연금제도와 달리, 민간 연금은 퇴직시 최근 임금의 80% 수준의 연금을 제공하여 공무원 연금 가입자와 민간 연금 가입자 사이에 퇴직 후 소득격차가 발생하였다. 따라서 해당 법안의 통과로 공공 및 민간부문 근로자 모두 최근 임금의 80%만을 수령하게 됐다.

5   소비세는 유통세, 서비스세, 공산품세, 사회통합세, 사회보장세로 구성된다.

6   권기수(2003), 〈브라질 좌파 정부의 경제정책과 향후 과제〉, 《세계경제》, 대외경제정책연구원, 77~85쪽, 2003. 1

7   1970년대에는 브라질 정부가 도로 인프라 확충에 매년 GDP의 1.8%를 투자했으나, 2003년에는 GDP 대비 0.1%인 5,400만 달러를 투자하는 데 그쳤다.

8   브라질의 운송비중을 살펴보면 철도의 수송비율이 20%, 도로의 수송비용이 60%에 불과하며, 철도 수송비율의 50% 증가, 산투스 항과 페루의 바야보르 항구를 연결하는 고속도로(약 2,500km) 건설, 항만 개보수 등과 같은 인프라 확충에 약 80억 달러가 소요될 것으로 전망된다.

9   메르코수르(MERCOSUR)는 아르헨티나, 브라질, 파라과이, 우루과이가 포함된 경제공동체이며, 안데안공동체(ANCOM)는 볼리비아, 콜롬비아, 에콰도르, 페루,

베네수엘라가 포함된 경제공동체다.

10 룰라 정부는 인도 · 러시아 간 경제 · 통상교류 증진뿐 아니라 문화교류 행사도 추진할 예정이다. 브라질-인도 양국 간 교역액은 2000년 5억 달러에서 2003년에는 13억 달러로 크게 증가했다.

11 Robert J. Barro, "Economic Growth in a Cross Section of Countries," *Quarterly Journal of Economics*, 1991 참조.

12 이 당시 흑인노예들은 대부분 남아프리카 지역(콩고 · 앙골라 · 모잠비크), 북서해안 아프리카 지역 출신들이었다.

13 한국 수출입은행, 〈브라질의 자원개발산업 현황과 우리기업의 진출방안〉, 2004. 11

14 정보통신정책연구원, 〈BRICs의 IT 현황과 전략적 진출방안〉, 2004. 9, 한국수출입은행의 Country Report 04-7 참조.

15 유선사업자 4개 중 3개사가 외국통신업자가 주도한 컨소시엄에 매각됐으며 이동전화사업자 8개 중 7개가 외국 통신사업자가 주도하는 컨소시엄에 매각됐다.

16 IMF, *World Economic Outlook 2005*

17 Boeing, *Current Market Outlook 2004*

18 이 밖에 항공 업체로는 프랑스 아에로스파시알사와 합작 운영되고 있는 헬리브라스(Helibras), 초경량 헬기를 제작하는 슈퍼로터(Super Rotor) 등이 있으며, 항공기 부품 및 전자장비 업체는 상파울루와 리우데자네이루 근교에 200여 개가 있다.

19 봄바르디어는 1937년 조셉 봄바르디어에 의해 개발된 설상차(B7) 사업으로 출발했다, 1974년 몬트리올 지하철을 시작으로 철도 차량 제작에 착수했으며, 1989년 에어캐나다를 합병한 후 항공기 제작에 참여했다. 그 후 중소형 항공기 제작에 있어 브라질의 엠브라엘과 치열하게 경쟁했다.

20 김태곤, 〈브라질, 농업도약과 성장요인〉, 《세계농업정보 토픽》, 한국농촌경제연구원, 2004. 10

21 The World Bank, *World Development Indicators*, 2004

22 Minnesota Department of Administration, "U.S. Farmers see Brazil as lucrative investment," *Minnesota Issue Watch*, Jun. 2003, Agriculture

PART 2

세계경제의 핵심 성장엔진

러시아

한국개발연구원(KDI)은 최근 BRICs 국가들 중 특히 러시아가 향후 10년 내에 한국경제를 넘어설 것이라는 전망을 제시한 바 있다. 즉 러시아는 2015년까지 세계경제에서 차지하는 비중에서 한국을 추월할 것이라는 의미다. 2003년 현재 한국의 세계경제 비중은 1.7%로서 러시아의 1.2%를 앞서고 있지만, 2015년에 이르면 한국은 제자리걸음을 하고 있는 반면, 러시아는 2.5%로 늘어날 전망이라는 것이다. 이처럼 거대한 성장잠재력을 갖춘 러시아는 현재 정치적 안정을 바탕으로 경제개혁을 본격적으로 추진하면서 WTO 가입 추진 등 대외 개방을 확대하고 있다. 풍부한 고학력 인력과 높은 과학기술력, 막대한 천연자원 등을 바탕으로 세계무대로 힘찬 도약을 하고 있는 러시아는 차세대 한국경제의 새로운 성장동력으로서 각별한 주목과 관심이 요구된다.

더 이상 혼란은 없다

최근 러시아경제가 무섭게 살아나고 있다. 전세계가 러시아를 주목하고 있다. 어떤 사람들은 조만간 러시아가 과거의 영광을 되찾을 수 있을 것이라고 전망한다. 앞으로 약 40년 후에는 세계 6대 경제대국으로 부상할 것이라는 예측이 나온 지 이미 오래다.[1]

사실 러시아는 세계의 거인이다. 면적은 1,708만km²(세계 1위)에 달하며 인구도 1억 4,000만 명(세계 7위)에 이른다. 석유와 천연가스를 비롯한 지하자원 또한 풍부하다. 세계에서 우주선을 가장 먼저 쏘아올릴 정도로 우수한 과학기술을 보유하고 있다.

오늘날 러시아를 다시 보게 되는 이유는 이 같은 러시아의 막강한 잠재력 때문이다. 20세기 초부터 80년 이상 서방진영에 맞서면서 세계의 절반을 호령했던 공산주의 세계의 맹주, 고르바초프의 개혁 실패와 몰락, 민주주의와 자본주의의 물결, 그리고 혼란…. 러시아는 그

길을 걸어왔다. 그리고 이제 잠에서 깨어나 기지개를 켜고 있다. 바야
흐로 거인의 자존심을 되찾으려 하고 있는 것이다.

도전과 좌절 속에 무너진 러시아의 자존심

고르바초프의 도전, 그리고 좌절

구소련의 변화를 이끌었던 고르바초프 전 공산당 서기장이 1991년
12월 25일 사임하면서 옐친 대통령이 이끄는 러시아 연방공화국은
사실상 구소련을 대신하게 됐다. 당시 옐친은 러시아 국민들의 압도
적인 지지를 받고 있었지만 구소련의 경제개혁이 실패로 끝난 후 러
시아경제 체제는 중앙집권식 계획경제 체제와 시장경제 사이에서 심
각한 후유증을 겪고 있었다.

　고르바초프 경제개혁의 핵심내용은 국유기업들의 경영 자율권을
대폭 확대해 주는 내용을 골자로 하는 '국유기업법'과 소규모 기업활
동의 활성화를 통한 생필품 공급 확대를 목표로 제정된 '협동조합법'
으로 요약된다.

　이 두 법안은 모두 기업들의 자율적인 생산활동을 자극하고 경제
활동의 효율성을 높여 공산주의 경제 시스템의 약점인 낮은 생산성을
극복하기 위한 것이었다. 하지만 당시 구소련의 90%를 차지하던 국
유기업들은 부여된 경영의 자율권을 어떻게 이용해야 할지 몰랐다.

오히려 과거 수십 년 간 지속된 계획경제 체제 안에 안주하려 했다. 또한 '협동조합법'으로 우후죽순처럼 등장한 협동조합기업들은 제품 생산보다는 매점매석으로 가뜩이나 취약한 러시아의 유통체계를 교란시키며 부당한 이득을 취하기에 바빴다. 결국 고르바초프는 1991년 12월 24일, TV 연설을 통해 구소련의 소멸을 선언하고 역사의 뒤안길로 사라졌다.

뚝심의 옐친, 정면돌파를 선택하다

구소련이 붕괴하자 옐친 러시아공화국 대통령은 경제적 혼란을 수습하기 위한 방법으로 자본주의 경제체제의 전격적 도입을 통한 정면돌파를 선택했다.[2] 90년 가까이 지속된 소련을 해체한 뚝심의 소유자다운 결정이었다.

가장 먼저 취한 조치는 가격자유화였다. 고르바초프가 소련 공산당 서기장직을 사임하면서 구소련이 사실상 해체된 지 1주일 만에 이루어진 단행이었다.

그 후 1994년까지 민영화 정책과 경제안정화 정책 등 사회주의 경제체제의 전면적인 개혁조치들을 속속 발표했다.

이들 조치는 러시아의 경제상황을 더욱 혼란으로 내몰았다. 가격자유화조치 첫 해인 1992년, 러시아의 물가는 17배 이상 뛰었으며 GDP는 14.5%나 감소했다. 기업 민영화 조치로 구소련의 국유기업들이 외국자본에 팔리는 과정에서 많은 러시아인들이 일자리를 잃었다.

| 올리가르흐[3] |

과두정치에서 파생한 '올리가르흐'라는 말은 현재 러시아의 재벌이라는 의미로 통한다. 이들은 1990년 초반 자본주의의 급격한 확산으로 많은 국유기업이 민영화되는 과정에서 소수의 신흥 산업금융가들이 정치권과 결탁하면서 탄생했다. 보수적인 의회가 옐친 대통령과 대립구도를 이루는 상황에서 신흥 자본가들은 대통령과 그 주변 인사들을 지원함으로써 강력한 사유화를 주장, 결국 상당한 이권을 확보해 나갈 수 있었던 것이다. 서방 기업인들도 이들을 러시아경제를 이끌어나갈 새로운 지배집단이나 최소한 엘리트 그룹, 또는 의식 있는 기업가들로 생각하고 지원했다.

이들은 언론·금융·에너지 분야 등에서 사유화의 알짜배기들을 독식하면서 재계뿐만 아니라 정계에도 큰 영향력을 행사하며 누구도 넘볼 수 없는 세력을 구축했다. 1998년 러시아가 모라토리엄을 선언한 이후 많은 올리가르흐들이 소멸되거나 세력이 축소되었지만 금융업 비중이 낮았던 자들은 오히려 세력을 키우면서 유가의 고공행진과 더불어 제2의 호시절을 누리고 있다.

2005년 3월 〈포브스〉가 발표한 재산 10억 달러 이상의 세계 부호들 중 러시아인이 무려 27명이나 포함되었다. 러시아 최대 부자는 석유재벌이자 영국 명문 축구구단 첼시의 구단주인 로만 아브라모비치(세계 21위)로 재산이 133억 달러라고 한다. 우리나라는 삼성 이건희 회장, 롯데 신격호 회장, 현대자동차 정몽구 회장 등 총 3명이 10억 달러 이상의 부호 대열에 포함되었다는 것을 감안하면, 이들 올리가르흐의 재산이 어느 정도인지 짐작할 수 있다. 하지만 이는 러시아 경제의 성장과정에서 부가 국민들에게 고루 분배되지 않고 소수에게 집중되고 있는 것을 의미하기도 한다.

러시아 정부는 민영화의 본래 의도와는 달리 국유기업의 매각을 통해 부족한 재정을 보충하려 했으며, 이 때 소수의 신흥 산업금융가들은 정부와 결탁해 특혜를 추구하거나 러시아의 이익보다는 외국자본의 이해를 대변했다. 그 과정에서 부를 축적하는 특수계층이 등장했고 '빈익빈 부익부' 현상이 급속히 전개됐다.

경제 시스템의 전환기에 혼란을 최소화하기 위해 마련한 안정화 정책도 신흥 기업인과 연계된 정치세력들이 중앙은행 등에 영향력을 행사하면서 금융·재정의 긴축정책이 필요했던 러시아경제를 엉뚱한 곳으로 이끌고 있었다.

이러한 혼란은 1996년까지 지속됐다. 러시아는 1992~96년까지 5년 연속 마이너스 성장을 기록해 같은 기간 GDP 규모가 26.3%나 감소한 반면 물가는 175배나 뛰었다. 또한 체불 임금과 연봉 삭감에 대한 불만이 누적되면서 광산·철도 등 러시아경제의 근간을 이루고 있는 부문에서 노동자들의 파업사태가 발생하는 등 경제적 혼란이 사회적 혼란으로 번져갔다.

모라토리엄 선언과 옐친의 한계

혼란을 거듭하던 러시아경제는 1997년 회생의 가능성을 보였다. 비록 1.4% 성장에 그쳤지만 구소련 해체 후 계속 뒷걸음질치던 러시아의 경제성장률이 처음 플러스로 반전됐던 것이다. 하지만 회복의 기쁨도 잠시, 러시아는 1998년 8월 지불유예, 즉 모라토리엄[4]을 선언했다. 1997년 아시아 지역을 휩쓸었던 외환위기에 러시아가 무릎을 꿇은 것이다.

유럽에서 아시아발(發) 외환위기로 모라토리엄을 선언한 나라는 러시아가 유일했다. 뚝심의 옐친도 러시아의 과도기적 혼란을 수습하지는 못했다.

　러시아가 아시아 외환위기의 여파에 따라 모라토리엄 선언까지 하게 된 이유는 경제 시스템이 전환기에 놓여 있어 외부 충격을 흡수할 만한 여력이 없었기 때문이다. 그리고 에너지 의존적인 경제구조가 결정적으로 작용했다.

　러시아는 확인된 매장량만 석유 95억 톤(전세계 점유율 6.0%, 세계 7위),[5] 천연가스 47조m³(전세계 점유율 26.7%, 세계 1위), 석탄 1,570억 톤(전세계 점유율 15.9%, 세계 2위)에 이르는 에너지 자원대국이다. 생산량도 2003년 기준으로 천연가스가 전세계 점유율 22.1%, 석유 11.4%, 석탄 5.0%를 차지하는 등 세계 에너지원의 주된 공급원 역할[6]을 하고 있을 만큼 러시아경제에서 석유와 천연가스 산업이 차지하는 비중은 매우 크다.[7]

　그런데 1997년 아시아발 외환위기로 전세계의 에너지 수요가 감소하면서 국제유가가 하락했고,[8] 이는 결국 러시아경제에 큰 충격을 주었던 것이다.

　엎친 데 덮친 격으로 만성적인 재정적자 해소를 위해 발행된 국채에 투자한 외국계 투기자본들이 러시아경제가 휘청거리자 일시에 자금을 회수했다. 러시아 정부는 루블화의 폭락을 막기 위해 외환보유고를 탕진했고, 급기야는 외환위기에 빠지면서 모라토리엄을 선택할 수밖에 없었다. 결국 1998년 러시아의 경제성장률은 −5.3%로 곤두박질쳤다.

21세기 러시아경제의 야심찬 부활

유가 급등으로 시작된 러시아의 부활

혼란을 거듭했던 러시아경제가 21세기 들어 기지개를 켜고 있다. 최근의 주요 경제지표는 러시아경제의 회복세를 잘 보여준다. 1999년 6.3% 성장을 시작으로 2000년에는 10%의 사상 유례 없는 성장률을 기록했으며 2004년에도 7.3% 성장할 것으로 국제통화기금(IMF)은 예상했다. 1998년 모라토리엄 선언을 비롯해 옐친 집권기간 중 마이너스 성장을 거듭했던 상황[9]과 비교하면 놀라운 반전이 아닐 수 없다.

실질적인 구매력을 나타내는 PPP 기준 GDP[10]를 살펴보면 러시아

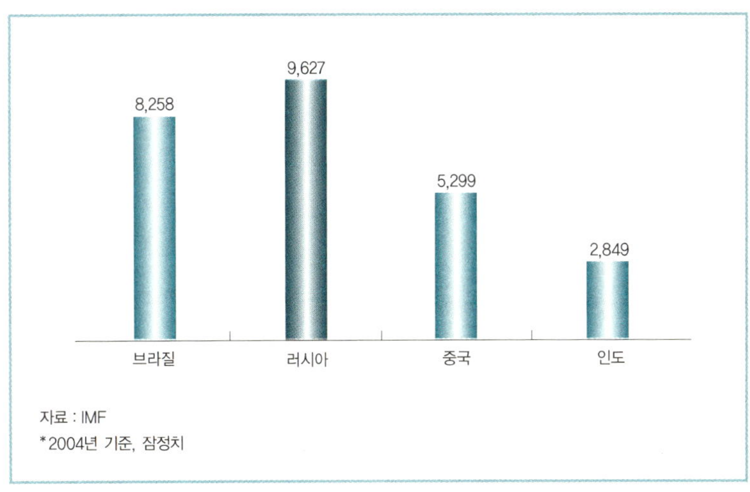

BRICs 국가들의 PPP 기준 GDP 비교(달러)

의 회생 및 잠재력을 분명하게 확인할 수 있다. 1998년 5,930달러에 불과했던 1인당 PPP 기준 GDP가 2004년에는 9,627달러로 62%나 증가했다. 한국이 1만 8,355달러인 것과 비교하면 아직은 절반 수준에 불과하지만 최근 세계의 새로운 성장동력으로 부상하고 있는 BRICs 국가들과 비교하면 가장 높은 수준이다.

암울하기만 했던 러시아경제의 회생은 어디에서 시작됐을까? 러시아경제의 회생 원인은 여러 곳에서 찾을 수 있다. 옐친 대통령은 1993년 천신만고 끝에 대통령 권한이 대폭 강화된 신헌법[11]을 바탕으로 물가와 환율을 안정시켰고, 푸틴 정부에 이르러 외채 탕감과 재정 건전화에 전력했다. 1998년 외환위기 이후 루블화 가치의 폭락으로 러시아 제품의 가격경쟁력이 되살아나면서 제조업부문이 반사이익을 얻을 수 있었다. 또한 서비스업 분야가 새로운 성장산업으로 떠오르면서 러시아경제에 전에 없었던 부가가치를 더하기 시작했다. 하지만 이러한 모든 것은 국제유가의 고공행진이 있었기에 더욱 효과를 발휘할 수 있었다.

러시아는 석유·석유정제품 수출이 전체에서 차지하는 비중이 40%에 이른다.[12]

그런데 1998년 배럴당 10달러를 밑돌았던 러시아 우랄산 원유가격(FOB 기준)이 1999년부터 상승하면서 2005년 2월 25일 현재 배럴당 40달러를 돌파한 상태다.[13]

국제유가의 상승은 곧 러시아에게 오일 달러를 안겨주었다. 러시아는 이 돈으로 성장잠재력 확충을 위해 필요한 자본재를 수입할 수 있었다.

또한 재정수입이 증가하면서 만성적자에 시달리던 국가재정을 흑자로 돌리고, 구소련 해체 후 유명무실해진 사회복지 시스템을 재구축할 수 있는 재원을 확보할 수 있게 됐다.

넉넉해진 재정은 세금 인하를 가능케 했으며 이는 민간 소비에 긍정적으로 작용했다. 외환보유액이 증가하면서 외채의 조기 상환도 가능했다.

이러한 모든 변화는 외국자본의 유입으로 이어졌다. 유가의 상승은 러시아경제의 고질적인 문제점을 해결하는 데 단비와도 같은 존재였던 것이다.

다른 산업으로 확산

더욱 긍정적인 것은 시간이 지날수록 러시아경제의 성장동인이 원유수출에서 다른 산업부문으로 확산되고 있다는 점이다. 그 동안 러시아 산업의 성장은 자원부문,[14] 그리고 그와 연관된 산업이 주도하고 있으나 최근에는 경제성장이 좀더 광범위하게 이루어지고 있다. OECD는 러시아 산업에서 유류를 비롯한 자원부문이 차지하는 비중이 70%[15]에 달하지만 부문별 GDP 구성에서 산업이 차지하는 비중은 41%에 불과하며 오히려 서비스부문이 46%로 더 높다는 조사결과를 제시했다(2003년 기준). 그리고 1998년 모라토리엄 선언 이후 경제회복은 산업과 건설부문에서 주도했지만 2002년 이래로 소매 · 음식 ·

통신·물류 등 서비스부문의 영향력이 커지고 있다고 지적했다.[16]

우수한 인적 자원

러시아의 우수한 인적 자원 또한 빼놓을 수 없는 요인이다. 경제성장
의 주요 결정 요인이 노동투입량, 인적 자원의 수준, 자본축적, 기술
혁신 등이라면 러시아는 BRICs 중에서 가장 전도유망한 국가다. 물
론 단순한 물리적 노동투입량 측면에서 보면 러시아 인구는 많지 않
다. 2003년 말 현재 러시아 인구는 약 1억 4,000만 명으로, 중국(13억
명), 인도(10억 7,000만 명) , 브라질(1억 7,000만 명)과 비교할 때 BRICs 가
운데 가장 적은 인구를 보유한 나라다.

즉 러시아는 BRICs 중 상대적으로 노동집약적인 경제성장이 가장
어려운 나라다.

그렇지만 노동의 질에 있어서는 차원이 다르다. 먼저 러시아는 고

교육참가율 (단위 : %)

구 분	초등교육	중등교육	고등교육
브라질	148	108	18
러시아	114	92	68
인도	99	48	11
중국	114	68	13

자료 : World Bank, *World Development Indicators 2004*
*분모는 각 단계의 교육을 받을 수 있는 연령대 인구를 기준으로 하나 분자는 연령에 상관없이 교육기관에 등록한
인구를 기준으로 하므로 100%를 초과할 수 있음

등교육을 받는 인구 비율이 68%로, BRICs 중 고급인력이 가장 많은 나라다.

물리학을 중심으로 한 노벨상 수상자도 BRICs 중 가장 많이 배출한 나라이며, 인구 대비 연구 인력이나 이공계 논문 및 특허 건수 등의 측면에서도 다른 BRICs 국가들을 압도한다. 이러한 점에서 골드만삭스 등의 투자기관은 높은 노동생산성을 바탕으로 2050년까지 러시아의 1인당 국민소득이 G6[17] 수준에 육박할 것이라고 예측하기도 한다.[18]

노벨상 수상자 배출 현황　　　　　　　　　　　　　　　　　(단위 : 명)

구 분	물리학	화학	생리학	경제학	합계
브라질	0	0	0	0	0
러시아	10	1	2	1	14
인도	1	0	0	1	2
중국	2	0	0	0	2

자료 : World Bank, *World Development Indicators 2004*
*러시아의 경우 구소련(USSR) 포함

과학 및 기술 관련 지표

구 분	이공계 연구인력(백만 명당)	이공계 논문 수	특허 건수
브라질	323	5,144	6,706
러시아	3,494	15,654	25,046
인도	157	9,217	234
중국	584	11,675	30,324

자료 : World Bank, *World Development Indicators 2004*

고급인력뿐 아니라 앞에서 설명한 바와 같이 러시아는 자원도 풍부하고 저축률도 중국 다음으로 높아 자본축적에 유리한 나라다. 2004년 말 현재 1인당 에너지 생산량이 6.89톤으로, 중국(0.90톤), 인도(0.43톤) , 브라질(0.84톤)과는 비교가 되지 않는다. 2002년 말 현재 국민총소득(GNI) 대비 총저축률은 30.6%, 순저축률은 20.1%로서 중국의 43.7% 및 34.7%보다는 낮지만, 브라질의 19.7% 및 8.9%, 인도의 22.3% 및 12.6%보다는 매우 높은 수준이다. 이들 요인이 러시아경제를 변화시키고 있는 숨은 공로자들인 셈이다.

지속가능 발전을 위해

그러나 국제유가의 고공행진으로 러시아경제가 큰 이득을 얻고 있는 것은 의문의 여지가 없는 사실이다. 따라서 일각에서는 석유수출에 지나치게 의존적인 경제회복에 우려를 나타내는 목소리 또한 높다. 일례로 스탠더드&푸어스(S&P)는 러시아경제의 '네덜란드병(Dutch Disease)'[19] 가능성을 경고했다. 석유가격 상승으로 막대한 외화가 유입되면서 루블화의 가치가 상승한다면 러시아 제품의 가격경쟁력은 악화되는 반면 수입은 증가함으로써 이제 막 회생 조짐을 보이고 있는 러시아의 산업기반이 크게 흔들릴 수 있다는 것이다. 러시아가 원유수출로 벌어들인 돈을 경제의 구조개혁과 기타 산업 육성에 효과적으로 쓰지 못한다면 지속가능한 발전이 그만큼 어려워진다는 것은 분명하기 때문이다.

대외채무와 재정적자 개선

러시아의 고질적인 문제로 지적됐던 대외채무와 재정적자 문제를 살펴보면 러시아경제가 양적인 팽창뿐 아니라 내용 면에서도 커다란 진전을 이루고 있음을 알 수 있다.

대외채무 변제에 우선

러시아의 대외채무 규모는 2002년 1,490억 달러에서 2004년 상반기 말 기준 1,921억 달러까지 증가했다. 하지만 GDP에서 대외채무가 차지하는 비중은 1998년 모라토리엄 선언 당시 69.8%에서 2004년 상반기 말 35.7%까지 낮아졌다. 최근 수 년 간 러시아경제가 외형적으로 크게 성장했기 때문이다.

대외채무 중 공적채무 비중도 1998년 84%(1,578억 달러)에서 2004년 상반기 말 기준 53.2%(1,023억 달러)로 낮아졌다. 공적채무의 감소는 러시아 정부가 외채관리에 각고의 노력을 기울이고 있다는 증거다. 반면 러시아경제에 대한 해외투자가들의 신뢰가 살아나면서 민간채무는 1998년 30억 달러에서 2004년 상반기까지 89.9억 달러로 증가해 좋은 대조를 이루었다.[20]

단기채무 비중도 1998년 26% 수준에서 2003년 말 21.5%, 그리고 2004년 상반기 말에는 15.6%로 꾸준히 축소되고 있다. 2004년 상반기까지 한국의 단기채무 비중이 33.7%인 것을 감안하면 매우 안정된 수준이라고 볼 수 있다. 또한 외환보유고가 1998년 말 122억 달러에서 2004년 6월 말 현재 883억 달러로 7배 이상 늘어나면서 외환보유액 대비 단기외채 비율도 40.0%까지 떨어졌다.[21] 1998년 모라토리엄 선언 당시 동 비율이 400%였던 점을 감안하면 놀라운 결과가 아닐 수 없다.

국가재정 흑자로 반전

대외채무와 더불어 러시아의 골칫거리였던 재정수지는 어떤 모습일까? 과거 러시아 재정은 지하경제의 번성과 경기침체로 1996년 재정적자가 GDP 대비 8.9%에 이르는 등 큰 폭의 적자를 나타냈고, 이는 외국인들의 투자 결정을 머뭇거리게 하는 주요 원인이었다. 하지만 2000년 러시아 재정수지가 GDP 대비 1.4%의 흑자로 돌아선 이후 2003년까지 4년 연속 흑자를 기록했으며 2004년에도 상반기까지 재정수지 흑자규모가 GDP의 3%에 달하고 있다.

재정수입의 안정적 확보는 대외부채의 조기 상환을 가능하게 했다. 2004년 말 이미 순(純)채권국으로 변모한 러시아는 2008년이 만기인 IMF 채무[22]를 3년 앞당겨 2005년 2월 1일부로 모두 상환하는 놀라운 모습을 보여주었다. 이에 그치지 않고 2005년 2월 17~18일에는 파리클럽[23]의 부채[24] 및 이자 15억 유로를 상환했다.

러시아가 IMF 채무를 3년이나 앞당겨 상환할 수 있었던 데에는 안정화기금 조성이 결정적인 역할을 했다. 러시아 정부는 에너지 자원

러시아 GDP 대비 재정수지 비율 추이 (단위 : %)

1996	1997	1998	1999	2000	2001	2002	2003(p)
−8.9	−7.4	−5.0	−1.1	1.4	3.0	1.7	1.7

자료 : OECD
*2003년은 잠정치

의 수출로 벌어들인 외화를 통해 2005년 1월까지 7,400억 루블(264억 달러)의 안정화기금을 조성했으며, 이 기금으로 남아 있던 33억 3,000만 달러의 IMF 채무를 모두 갚을 수 있었던 것이다. 이 같은 조기 상환은 2억 400만 달러에 이르는 이자비용을 절감하는 부수적인 효과까지 낳았다.

러시아는 재정수입의 증가뿐 아니라 재정운용의 효율화 면에서도 큰 성과를 거두었다. 그 결과 1998년 외환위기 전과 비교할 때 정부지출은 10% 감소한 반면 정부수입은 당시의 수준을 유지하고 있다.[25] 정부지출이 감소하자 세금부담이 줄어들게 되고, 이는 가처분소득 증가에 의한 소비진작과 민간투자 활성화로 이어졌다. 결과적으로 이 같은 재정운용의 효율화는 러시아경제의 선순환에 밑거름이 되고 있다.

신용등급 회복과 장밋빛 계획

러시아경제가 국제유가의 상승에 힘입은 바 크고 그만큼 유가 변동에 취약한 구조적 문제점을 안고 있는 것 또한 사실이다. 하지만 러시아

경제를 보는 대외적인 시각은 일단 긍정적이다.

투자적격 등급 회복

경기 호조와 외환보유고, 외채부담이 줄어들면서 2003년 10월 무디스(Moody's)가 세계 3대 신용평가기관 중 최초로 러시아의 국가신용등급을 투자적격 등급으로 상향 조정한 후 같은 해 11월 피치(FitchIBCA), 그리고 2005년 1월 스탠다드&푸어스(S&P)가 각각 러시아에 대해 투자적격 등급을 부여했다. 이로써 러시아는 1998년 8월 모라토리엄 선언 이후 7년 만에 국제 금융시장에서 정상적인 투자대상국으로 복귀했다. 러시아 신용등급의 점진적인 회복은 외국인 직접투자(Foreign Direct Investment: FDI)의 증가로 이어져 2004년 상반기에 34억 달러를 기록, 전년 동기 대비 35.3%나 증가했다.[26]

2010년까지 GDP 2배 성장을 목표로

경제회복에 자신감을 얻은 러시아 정부는 2005년 2월, 중기 경제개발계획인 '2005~08년 러시아의 사회 · 경제 개발계획' 을 확정했다. 이 계획의 주요 내용은 GDP 2배 성장이라는 목표 달성을 위해 혁신적인 경제개발 정책을 추진한다는 것이다. 경제발전 시나리오를 '혁신'[27]과 '기본'[28] 으로 나누어 전망한 결과, 혁신 시나리오의 경우 경제성장률이 2015년까지 6~7% 수준을 유지하고, 기본 시나리오의 경우 4%

| 블라디미르 푸틴(1952~) |

스탈린의 요리사였던 할아버지, 철도차량공장 노동자 출신인 아버지…. 그는 러시아 엘리트 집단과는 다소 거리가 있는 성장과정을 거쳤다. 또한 학창시절이나 학업을 마치고 KGB 요원이 되었을 때도 그리 눈에 띄지 않는 조용하고 평범한 인물이었다고 한다. 운동을 잘 하는 것을 빼곤 말이다.

하지만 그에게도 기회는 왔다. 대학시절 은사였던 아나톨리 소브차크와 함께 일하던 중 그가 레닌그라드 최초의 민선 시장에 뽑히면서 푸틴은 시장 보좌관이 되었던 것이다. 그 후 승승장구, 경쟁자 쥬가노프와의 대결에서 승리하면서 러시아 대통령직에 올랐다.

블라디미르 푸틴 현 러시아공화국 대통령에 대한 평가는 엇갈리고 있다. 절망의 러시아의 자존심을 되돌려준 지도자인가, 아니면 권력이라면 보수로 회귀하는 것도 마다하지 않는 절대권력자인가?

평가는 후세에 내려질 것이지만 분명한 것은 푸틴이 2000년 대통령직에 오른 이후 러시아는 잃어버렸던 자존심을 되찾고 있다는 것이다. 그리고 러시아인들은 변화와 개혁이라는 명분 속에서 혼란과 궁핍함에 시달렸던 고르바초프, 옐친 시대보다 푸틴이 이끄는 현재 러시아에 더 큰 지지를 보내고 있다. 그것은 지난 2004년 대선에서 71.3%라는 압도적인 지지율로 확인되었다.

평범했던 과거, 그것이 오히려 푸틴의 인기 비결인지도 모른다. 평범한 러시아인들이 바라는 러시아의 모습, 그것을 가장 잘 파악하고 있는 지도자가 바로 푸틴 아닐까?

대의 성장률을 보일 것으로 전망했다. 만약 러시아가 '혁신 시나리오'를 실현한다면 푸틴 대통령이 목표로 하는 '2010년까지 GDP 2배 성장 달성'은 가능할 것으로 보인다.

하지만 혁신 시나리오로 가기 위해서는 먼저 국제유가[29]가 2015년까지 배럴당 35달러 수준을 꾸준히 유지해야 한다. 또한 교육, 보건,

| 유코스(YUKOS) 사태 |

유코스(YUKOS)사는 직원 10만 명, 러시아 전체 석유매출액의 20%를 차지하는 러시아 최대 석유회사이자, BP, 엑손모빌, RD, 쉘에 이은 세계 4대 석유 메이저였다. 그리고 유코스 사태의 중심에 서 있는 미하일 호도르코프스키는 유코스사의 전 회장으로, 2004년 〈포브스〉지에서 발표한 세계 500대 부호에서 26위(재산 80억 달러)를 차지한 러시아의 대표적인 올리가르호였다.

그는 막대한 재력으로 정치에 끊임없이 관여했고, 심지어 푸틴 이후 차기 대통령 선거에 출마할 계획임을 공공연하게 밝혀 푸틴을 비롯한 크렘린 실세들을 자극해 왔다. 그리고 2003년 10월, 그는 결국 횡령과 조세포탈 등 7개 혐의로 전격 구속되었고 유코스사는 파산 및 국유화의 길을 걷고 있다. 유코스 사태, 그 이면에는 러시아 정치에 깊숙이 얽혀 있는 올리가르호들에 대한 푸틴 대통령의 강력한 경고 메시지가 너무나도 분명하게 담겨 있다.

한편 미국과 EU 등 서방세계는 유코스 사태가 시장원리보다는 정치적 동기에서 비롯되었다고 평가하면서 리시아 정부의 태도를 곱지 않은 시선으로 바라보고 있다.

빈곤층 축소, 국가 서비스 기능의 효율성 제고, 혁신부문 개발, 지역경제 균형개발, 인프라 확충 및 개발, 공공부문의 경쟁력 강화 등 풀어나가야 할 과제도 산적해 있다. 여기에 오랜 개혁과정에서 나타난 보수·개혁 간의 갈등 심화, 유코스(Yukos) 문제로 불거진 서방세계와의 관계 악화, 체첸 문제, 푸틴 정부의 보수화, 새로운 사회보장제도에 대한 전국적인 반대 시위 등의 부작용 또한 러시아 정부의 부담으로 작용하고 있다.[30]

02

규모로 압도하는 러시아의 산업

러시아 산업은 풍부한 석유와 천연가스에 바탕한 에너지 산업의 비중이 매우 크다. 구소련 시절 역점을 두었던 철강산업 또한 변화에 적응하면서 러시아의 대표적인 산업으로 자리를 잡고 있다. 천연자원에 바탕한 산업 외에 우수한 과학기술 수준을 갖춘 첨단 산업도 최근 활성화되고 있다. 항공우주산업은 최근 체제 정비를 마치고 세계에서 가장 먼저 우주선을 띄웠던 기술력을 토대로 제2의 도약을 준비 중이다. 자동차와 IT 산업도 소득수준의 향상과 더불어 급속히 팽창하고 있다.

세계 2위의 원유 생산국으로 부상하다

확인 매장량은 95억 톤(691억 배럴) 이상으로 세계 7위 규모(세계점유율

확인 매장량	세계비중	가채년수
95억 톤(691억 배럴)	6.0%	22.2년

자료 : BP, *Statistical Review of World Energy*, 2004

구 분		1999	2000	2001	2002	2003
생산량	백만 톤	304.8	323.3	348.1	379.6	421.4
	점유율(%)	8.8	9.0	9.7	10.7	11.4

자료 : BP, *Statisical Review of World Energy*, 2004

6.0%)[31]이나 잠재 매장량은 조사기관에 따라 174억~188억 톤에 이를 것으로 추정되고 있다.

러시아는 1990년대 초 쿼터제도와 수출세 등으로 석유생산량을 조절했으나 1995년 IMF와의 합의 후 이를 폐지하고 기존 국영 석유기업들을 대거 민영화시켰다. 그 과정에서 생산량도 점차 증가해 2003년에 4억 2,140만 톤을 생산했으며, 최근에는 하루 900만 배럴을 생산하면서 사우디아라비아에 이어 세계 2위의 원유 생산국으로 떠올랐다.

지역별로는 우랄산맥 동쪽의 서시베리아 지역과 우랄·볼가 지역에서 90% 이상이 생산되며, 이 가운데 특히 튜멘 주(Tyumen Oblast)[32]의 생산량이 60% 이상을 차지하고 있다. 현재 서시베리아 지역의 매장량은 러시아 전체의 79%를 웃돌지만[33] 일부 대형 유전이 성숙기를 지나 고갈과 질적 저하 현상을 보이고 있는 탓에 유정(油井)의 추가 확보와 기존 유전에 대한 투자확대가 거의 이루어지고 있지 않은 실정이다. 따라서 미개발 광구가 많이 남아 있는 극동 및 동시베리아 지역의 개발이 필요한 상황이다. 이의 일환으로 러시아 정부는 동시베리아와 극동지역에서 새로운 탐사를 진행하고 있으며, 지금까지 이 지역의 석유매장량은 동시베리아 지역이 94억 배럴이며, 사할린 지역 I~III지구가 48억 3,000만 배럴 수준이다.[34]

향후 러시아 석유산업의 과제로는 생산성 향상,[35] 원유 수출 파이프라인 등 인프라 정비,[36] 극동 및 동시베리아 유전 개발, 동아시아 지역으로의 원유수출 다변화,[37] 유코스 사태 이후 에너지 산업 개편 마무리 등을 들 수 있다.

천연가스, 매장량 세계 1위! 생산량 세계 1위!

러시아는 가스 매장량과 생산량에서 모두 세계 1위를 차지하고 있는 천연가스의 보고다. 생산량과 소비량 모두 전세계의 20% 이상을 담당하고 있으며 러시아 내에서도 기타 에너지 자원과 비교할 때 그 의존도가 가장 높다. 러시아 천연가스 시장은 민영화가 상당히 이루어진 석유시장과는 달리 가즈프롬(Gazprom)이라는 국영기업에 의한 일원화된 공급체계를 유지하고 있다.

1990년 이후 독립국가연합(CIS)[38]에 대한 수출을 800억m^3 수준으로 유지하면서 유럽 지역 수출을 확대함에 따라 전체 천연가스 수출량은

러시아 천연가스 매장량

확인 매장량	세계비중	가채년수
47조m^3	26.7	81.2

자료 : BP, *Statistical Review of World Energy*, 2004

러시아 천연가스 생산량

구 분		1999	2000	2001	2002	2003
생산량	10억m^3	551.0	545.0	542.4	555.4	578.6
	점유율(%)	23.4	22.4	21.8	21.9	22.1

자료 : BP, *Statistical Review of World Energy*, 2004

점차 증가하고 있으며, 대 유럽 수출량이 전체의 60% 이상 차지하고 있다. 향후 WTO 가입을 위해 수출가격의 6분의 1 수준인 자국 내의 천연가스 가격 인상이 불가피하고,[39] 유럽에서의 경쟁심화 등으로 당분간 현재의 생산수준인 5,500억~6,000억m^{3}선을 유지할 가능성이 높다.

천연가스도 석유와 마찬가지로 서시베리아 지역에서 생산이 집중되고 있으나 추가적인 매장량 발견 가능성은 희박하며 동시베리아와 사할린 등 극동지역의 가스전 개발이 그 대안으로 떠오르고 있다. 특히 우리나라와 지리적으로 가까운 사할린 지역의 개발은 I단계가 2005년 말 생산을 시작할 것으로 예상되는 가운데 현재 III단계까지 그 개발이 진행 중이다.

러시아의 천연가스 산업에서는 서시베리아 지역 가스전의 고갈에 대비한 신규 가스전 개발 외에 자국 내 천연가스 가격 인상, 가스 운송 인프라 개선, 러시아 에너지 산업 개편의 중심으로 떠오르고 있는 세

계 최대 천연가스 회사인 가즈프롬의 구조개혁 등이 중요한 과제로 남
아 있다.

세계 최대 규모를 자랑하는 철강산업

러시아는 OJSC Magnitogorsk Iron and Steel Work[40]와 JSC
Severstal,[41] 그리고 NLMK(Novolipetsk Metal Works)[42] 등 세 개의 거대 종
합제철사를 중심으로 1990년까지 연간 1억 6,000만 톤을 생산하는 세
계 최대 철강 생산국이었다. 제2의 철강생산국인 일본의 생산량 수준
이 1억 톤 수준임을 감안하면 단연 압도적인 생산량이었다고 볼 수 있
다. 그 당시 MMK의 연간 생산량만 하더라도 1,500만 톤으로, 이는 비
슷한 경제규모와 인구를 가진 브라질 전체 철강 생산량의 60%에 달하
는 양이었다. 하지만 구소련 소멸 이후 철강 생산량은 연간 9,000만 톤
으로 급감했다.

이들 세 제철회사의 생산성은 서구 수준과 비교했을 때 손색이 없
을 정도로 선진화되고 효율적인 시스템을 갖추고 있다. 하지만 러시
아 전역에 분포한 30개가량의 군소 제철소는 규모의 영세성과 비효율
성 탓에 러시아경제의 짐이 되고 있다. 이들 제철소는 선진 제철소에
서는 거의 자취를 감춘 평로(open-hearth furnace) 방식의 제강법에서 벗
어나지 못하고 있으며 생산성은 미국 제철소의 30% 정도다. 아울러
환경오염 문제 또한 심각하다.

문제는 러시아 철강업에 종사하는 총 40만 명의 근로자 중 3분의 1이 이러한 낙후된 제철소에서 일하고 있어, 철강업계의 대대적인 구조조정이 이루어질 경우 대규모 실업 사태가 야기될 수 있다는 점이다. 또한 러시아 지방정부가 제철회사를 관리하고 있으므로 이들 공장이 폐쇄될 경우에는 노동자뿐만 아니라 중간 관리계층, 그리고 넓게는 지방정부의 일부 관료들까지 고용불안의 사정권에 들어갈 수 있다. 최근 낡은 복지제도를 폐지하고 현금 지급으로 대체하는 것을 골자로 한 새로운 사회보장제도가 막상 지방정부의 재정 부족으로 그 기능을 크게 상실하면서 곳곳에서 시위가 일어나는 등 큰 사회문제로 확산되는 상황인데, 철강산업에서 고용불안이 발생한다면 러시아 정부로서는 큰 부담이 아닐 수 없다.

따라서 러시아 철강산업은 노후화된 시설을 개량하고 이미 생산성이 떨어진 공장들을 폐쇄하는 한편, 유휴 노동인력들을 새로운 산업에 효과적으로 재배치해야 하는 과제를 안고 있다.

재도약을 꿈꾸는 항공 · 우주 산업

냉전시절, 세계 최고 수준의 기술력을 보유했던 구소련이 소멸한 후 고급인력의 해외 유출 등 항공 · 우주 산업은 큰 타격을 입었으나 2000년 이후 구조조정과 서방기술 도입으로 다시 도약을 준비 중이다.

러시아의 항공산업에서는 2000년 이전 300여 개의 관련기업을

9~11개의 특수회사로 통합시키는 구조조정이 진행 중이며, 2002년에는 2개의 지주회사가 설립됐다. 특히 발사 서비스 수주 및 로켓엔진 수출부문의 성장을 바탕으로 매출액이 1992년 2,000만 달러에서 2000년 10억 달러로 50배 증가했으며 현재도 수요가 급증하고 있다.

또한 푸틴 대통령은 2004년 4월 국가발전의 핵심요소로 항공·우주 산업을 육성키로 결정하는 등 정부 차원의 대대적인 지원계획을 수립 중이다.

03

세계 무대로 나아가는 러시아

러시아는 대외지향적인 통상정책을 견지하고 있다. 아직 WTO에는 가입하지 못했으나 가입이 초읽기에 들어갔으며 중국이 노력 중인 시장경제지위(Market Economy Status : MES) 획득은 이미 2002년에 이루었다.

대외지향적인 통상정책과 함께 석유와 천연가스를 바탕으로 대외교역 규모가 큰 폭으로 증가해 2003년 1,800억 달러를 넘어섰다. 1995년 1,000억 달러에서 5년 사이에 80%나 증가한 것이다.

유럽에 편중된 교역구조도 중국을 비롯한 아시아와 북미, 그리고 남미로 확대되고 있는 추세다. 에너지 자원 수출의존도가 높은 것이 취약점으로 지적되고 있으며, 최근 소득의 증가로 수입 또한 급속히 늘어나고 있다. 향후 러시아가 흑자기조를 계속 이어가기 위해서는 자국 산업의 경쟁력 확보를 통한 수출품목의 다변화가 꼭 필요한 것으로 지적되고 있다.

WTO 가입 초읽기

러시아는 2002년 국제사회에서 시장경제지위를 획득했으며 미국과 EU, 그리고 APEC 회원국들은 러시아의 WTO 가입에 대한 지지의사를 표명 중이다.

2004년 5월 EU가 러시아의 WTO 가입을 지지한다는 러시아-EU 간 협정을 체결했다. 푸틴 대통령은 2004년 11월 브라질 방문시 브라질의 UN 안전보장이사회 상임이사국 진출에 대한 지지의사를 공식 표명한 대신 브라질로부터 러시아의 WTO 가입에 대한 지지를 확보했다. 또한 2004년 11월 한국·러시아 간 WTO 가입 관련 양자협상을 완전 타결했으며, 2004년 11월 APCE 정상회의는 러시아의 WTO 가입을 사실상 승인했다.

러시아가 WTO에 가입할 경우 시장개방을 통한 교역확대와 에너지 분야에 치중되어 있는 산업구조 개선, 관세율 인하, 경제활동 투명화 등 러시아경제의 개혁과 성장이 더욱 가속화될 것으로 예상되고 있다.

5년 간 지속된 교역 흑자

2003년 러시아 교역규모는 1,881억 달러로 세계 20위를 기록했으며, 2004년 9월까지 집계결과 1,661억 달러로 그보다 한 단계 상승한 19위를 차지했다. 교역규모 순위는 20위권을 유지하고 있으나 교역액

러시아의 교역규모와 세계 순위

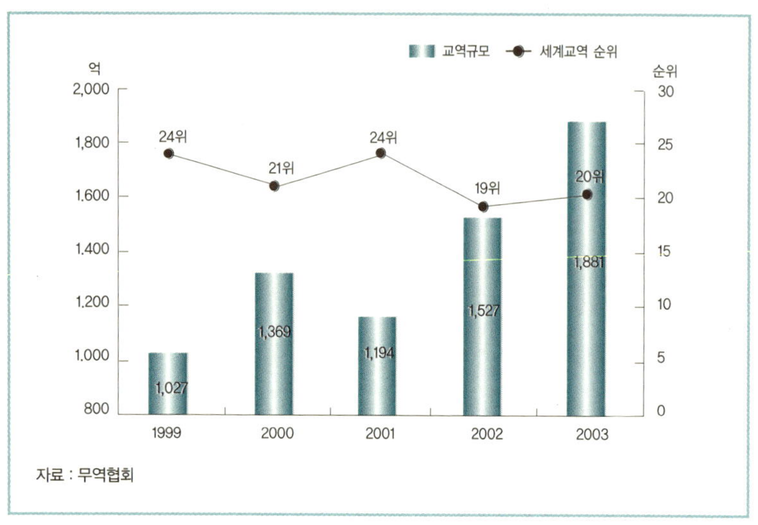

러시아의 수출입액과 무역수지

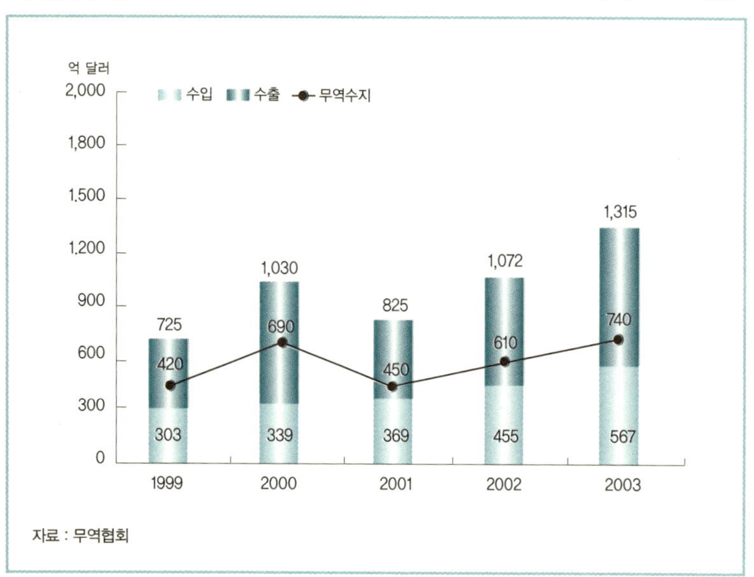

은 1999년 1,027억 달러에서 2003년 1,881억 달러로 연평균 12.9%씩 큰 폭으로 늘어나고 있는 추세다. 특히 교역액 중 석유 · 천연가스 등 연료 수출액이 702억 달러(37.3%)를 기록하는 등 수출에서 차지하는 비중이 매우 높다.

무역수지부문에서도 최근 러시아의 경제성장에 따른 수입액 증가에도 불구하고 2003년 748억 달러의 흑자를 기록하는 등 최근 5년 간 흑자기조를 유지하고 있다. 하지만 수입액 증가속도가 수출액 증가속도를 넘어서고 있으므로 향후 국제 석유가격 안정에 대비한 수출품목 다각화에 힘써야 한다.

교역대상국의 다변화

러시아의 제1교역상대국은 독일로 러시아 교역액 중 10%를 차지하고 있으며 그 다음으로 벨로루스, 우크라이나, 중국, 이탈리아 순이다 (2003년 기준). 벨로루스와 우크라이나는 CIS 회원국으로 지리적 근접성과 구소련 시절 러시아와 하나의 국가체제를 형성했다는 특성을 갖고 있다.

대 중국 교역규모는 1999~2003년 동안 연평균 21.2% 증가해 러시아의 상위 10대 교역상대국 중 가장 높은 증가세를 나타내고 있다. 한편 한국은 러시아 교역상대국 중 20위권을 유지하고 있으며 교역규모는 1999~2003년 간 연평균 18.2%씩 증가하고 있어 양국 간 교역이

대륙별 러시아 교역 비중

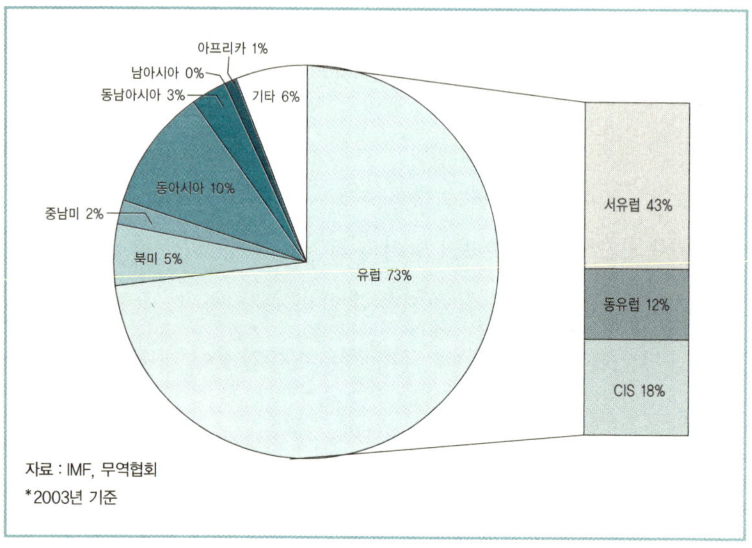

러시아 교역대상국 교역 비중

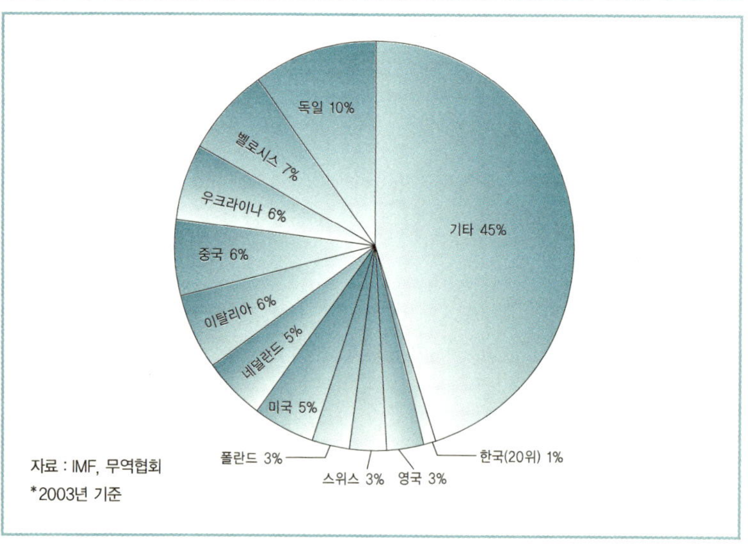

활발하게 이루어지고 있음을 알 수 있다.

한편 한국과 러시아 사이의 무역은 아직까지 미미한 정도다. 2004년 중 우리나라와 러시아 사이에 이루어진 수출입은 58억 달러로서 우리나라 전체 수출입 금액의 1.3% 미만이며, 이는 우리나라의 대 중국 및 미국과의 교역액에 비하면 각각 7.6%, 8.4%에 불과한 수준이다. 이러한 사정은 우리나라뿐 아니라 일본이나 미국 등의 경우에도 마찬가지로 2003년 러시아에 대한 일본의 수출은 일본 전체 수출액의 0.3%였으며 수입의 경우도 1.0%에 불과했다. 이는 러시아의 경제 규모가 BRICs 중 가장 낮은 수준이고, 원자재 수출을 제외하면 개발도상국치고는 GDP에서 차지하는 교역액의 비중이 크지 않다는 점과 무관하지 않다.

대륙별로 살펴보면 대 유럽 교역액이 73%로 대부분을 차지하고 있다. 그 중 동유럽 12%, CIS 18% 등으로, 지리적으로 가깝고 구소련 당시 정치적·사회적으로 밀접한 관계를 유지했던 동구권 및 CIS 비중이 높은 편이다. 하지만 서유럽 지역과의 교역비중이 43%로 가장 높다. 한편 한·중·일·몽골로 구성된 대 동아시아 교역액이 10%로 그 다음을 차지했는데, 최근 대 중국과의 교역이 급성장하고 있어 향후에도 동아시아 지역은 러시아의 주요 교역권이 될 전망이다.

러시아의 수출구조를 살펴보면, 석유·가스·연료 부문의 수출 의존도가 2000년 처음으로 50%를 넘은 이후 계속 50%대를 유지하고 있다. 2003년 총수출액은 1,359억 달러(FOB 기준)이며 이 가운데 51.6%인 702억 달러를 석유·가스·연료 수출로 벌어들였다. 그 밖

러시아 품목별 수입액 추이

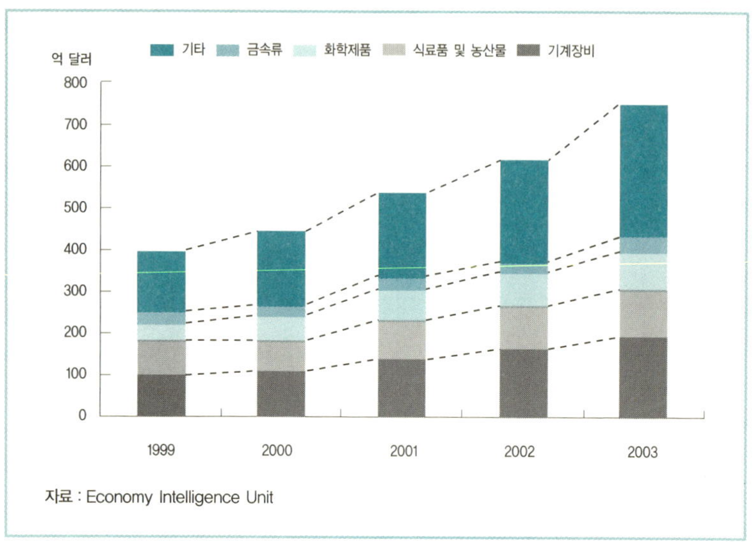

러시아 품목별 수출액 추이

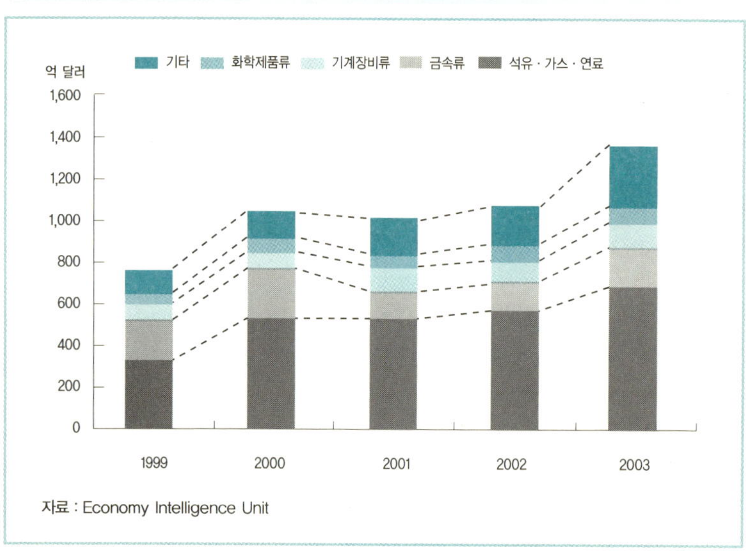

의 주요 수출품목으로는 금속류, 기계장비류, 화학제품류 등을 들 수 있다.

러시아의 2003년 수입액은 754억 달러(CIF 기준)를 기록했으며 기계장비류가 수입액의 25%를 차지했다. 최근 러시아경제가 되살아나면서 수입액이 급증하고 있는데, 1999년 395억 달러에서 5년 만에 그 두 배로 늘어났다.

04
러시아가 안고 있는 리스크에 주목하라

지금까지 러시아의 눈부신 변화에 대해서 살펴보았다. 하지만 어떤 나라든 고민거리와 위험요소를 갖고 있다. 러시아도 예외는 아니다. 이 장에서는 러시아의 위험요소를 대내적 요인과 대외적인 요인으로 나누어 살펴보고자 한다.

대외적인 요인으로는 유가 변동에 민감할 수밖에 없는 산업구조, 외화유입 급증에 따른 환율의 변동 가능성 고조 요인, WTO 가입에 따른 부작용 등을 들 수 있다. 그리고 대내적으로는 금융 시스템의 불안, 부패 문제, 소극적인 민영화와 정부의 간섭 확대, 빈부격차 심화와 민족주의의 발호가 우려된다.

이러한 문제는 러시아의 장밋빛 미래에 어두운 그림자를 드리우고 있다. 우리는 향후 러시아가 이들 걸림돌에 어떻게 대처해 나갈지 관심을 갖고 주목해야 할 것이다.

대외적 요인 : 지나친 에너지 의존과 루블화 가치 하락

유가 고공행진은 영원하지 않다

러시아경제의 가장 큰 취약점은 원자재, 특히 유류 제품의 수출 비중이 여전히 지나치게 높다는 것이다. 예컨대 러시아 수출의 2분의 1, 세수(稅收)의 3분의 1은 에너지산업과 관련된다. 따라서 국제적으로 유가가 급락하면 러시아는 무역 및 재정적자가 심화되고 대외신뢰도가 추락할 위험이 있다.

이러한 문제를 해소하기 위해 러시아 정부는 석유안정화기금을 마련하고 있으며, 산업 다각화 추진 및 WTO 가입 등을 통한 외국인 직접투자의 확대를 도모하고 있다. 그러나 세계경제의 부진이 지속되면 유가 하락 및 석유관련 제품의 수요 감소가 불가피해 러시아경제도 커다란 어려움에 빠질 가능성이 있다. 에너지 의존도가 낮아지지 않으면 이 같은 러시아경제의 어려움은 반복될 것이다.

루블화의 향방은?

앞으로 환율제도의 변경, 또는 루블화 평가절상에 따른 부작용이 예상된다. 러시아 정부는 1998년 모라토리엄 선언 직후 루블화를 달러당 6.3루블에서 20루블로 평가절하했다.

이 같은 루블화 평가절하의 영향으로 1999년 이후 러시아의 수출 경쟁력 및 산업 생산이 큰 폭으로 증가했다. 반면, 루블화 가치 하락 및 수입물가 상승으로 소비자 물가는 1999년 중 86%를 기록한 바 있으며, 이에 따라 러시아 국민들의 루블화 회피 및 달러 보유 현상이 일반화됐다.

모라토리엄 직후 평가절하된 루블화의 가치는 이후 지속된 러시아의 고성장과 물가안정 등에도 불구하고 정책 당국의 '달러 페그제(달러에 대한 고정환율제)' 유지로 크게 변화하지 않고 있다. 오히려 러시아 국민들의 루블화 회피와 달러 선호 경향이 가세하면서 루블화는 2004년 말 기준으로 달러당 28.5루블로서 모라토리엄 선언 직후에 비해서도 평가절하된 상태다.

그런데 최근 전세계적으로 달러화의 가치가 하락함에 따라 달러화에 페그된 루블화는 엔화나 유로 등과의 격차가 매우 커지고 있다. 이것이 수입물가 상승 등 여러 부작용을 야기함에 따라 2005년 2월 1일부터 러시아 정부는 이중(二重)통화 바스켓제도로 변경했다. 이중통화 바스켓제도란 자국 통화를 두 가지 통화에 느슨하게 고정시키는 환율제도를 의미하며, 루블화 가치에 대한 달러 및 유로화의 비중은 9 대 1로 알려졌다.

그러나 루블화에 페그되는 유로 비중이 높아질 것이며, 궁극적으로는 러시아의 경제력 상승과 더불어 루블화의 평가절상은 불가피하다. 더욱이, 루블화의 평가절하 기조가 꺾이고 루블화 대비 달러 가치가 하락하면 러시아 가계에 축적되어 있는 달러화가 일시에 시중에 풀리면서 루블화의 실질가치가 급등할 가능성도 있다.

이러한 루블화 평가절상은 러시아경제의 구조적 취약성 문제와 맞물려 고정환율제에 안주해 온 러시아경제의 불확실성 요인으로 작용할 것이다.

WTO 가입, 부작용은 없는가?

WTO 가입에 따른 부작용도 염려되는 문제다. 러시아는 2005년 말까지를 목표로 WTO 가입을 추진하고 있다. 그러나 러시아 기업들의 생산능력이 낙후된 데다 투명성도 높지 않아 WTO 가입시 국내 산업의 경쟁력 약화가 우려되고 있다.

대외 요인에 의한 러시아경제의 위험 분석

구 분	주요 내용	실현 가능성	영향력
유가 급락	우랄 유가가 배럴당 14달러까지 하락하는 경우 재정 및 경상수지 악화, 기업 수익성 악화 등으로 대외신뢰도 하락 불가피	낮음	큼
세계경기 침체	세계경기가 둔화되는 경우 유가 하락 및 유류 수요 감소로 러시아의 수출 감소 및 경기 침체가 불가피함	중간	중간
루블화 평가절상	경제성장 및 인플레 완화로 가계의 달러 보유 욕구가 완화되면서 루블화 평가절상 압력이 심화될 수 있음(러시아인들은 자국통화보다는 달러를 선호함) 루블화 평가절상은 수출 둔화 및 불확실성 요인으로 작용함	높음	작음
WTO 가입 부작용	WTO 가입시 국내 산업이 쇠퇴하고, 에너지 가격의 대내외 가격차가 해소되면서 완화 기미를 보이던 인플레가 재발할 우려도 있음(반면, WTO 가입이 지연될 경우 외국인 직접투자가 급감할 우려가 있음)	낮음	큼

자료 : 마루베니(丸紅)경제연구소(일본)

또, 러시아 내에서는 에너지 가격통제가 이루지고 있는데 WTO 가
입 후에는 에너지 가격의 국내외 간 격차를 해소해야 한다. 예컨대 러
시아의 WTO 가입에 부정적이었던 EU는 2005년 5월 러시아가 천연
가스 국내 가격을 27~28달러(1,000m³)에서 2006년까지 37~42달러,
2010년까지 49~57달러 등 단계적으로 인상한다는 조건으로 러시아
의 WTO 가입 동의안에 서명했다. 그러나 에너지 가격의 상승은 러
시아경제의 위축과 인플레 가속화를 야기할 우려가 있다.

한편, 러시아가 WTO 가입에 실패하거나 예정보다 가입이 늦어진
다면 그만큼 해외 직접투자는 감소할 것이다. 그리고 해외 직접투자
의 감소는 에너지 산업에 편중된 러시아경제의 구조적 취약성을 부각
시킬 것이다.

대내적 요인 : 금융 · 행정 · 산업 · 정치 전반의 불안정한 시스템

금융 시스템의 불안

러시아의 대내적 불안 요인으로는 우선 금융 시스템의 불안을 들 수
있다. 일반적인 개발도상국의 경우처럼 러시아도 금융 시스템이 매우
불안한 나라다. 러시아 중앙은행은 1999년 IMF에게서 받은 지원자금
을 뉴욕은행을 통해 세탁, 불법자금으로 운용했다는 혐의로 조사를

받은 바 있으며, 기타 금융기관들도 정실에 의한 대출 등 여러 스캔들
에 휘말려 있다.

러시아 금융기관들의 부패는, 대부분의 은행이 국영이며 소매금융
보다는 기업금융의 비중이 압도적으로 높다는 사실과도 밀접한 관계
가 있다. 국영은행들은 민영은행들에 비해 수익 극대화에 대한 관심
이 적고 기업대출 비중이 높을수록 뒷돈을 챙기기가 쉽기 때문이다.
즉 러시아 정부 및 국영기업은 은행 총자산의 50%를 점유하고 있고,
직 · 간접적으로 경영권을 행사하는 은행 수도 800여 개에 이르고 있
다. 또한 2003년 말 현재 은행여신의 95%는 석유 · 가스 산업 등 기업
부문 여신에 집중되어 있다.

이러한 문제 때문에 러시아 정부도 은행 민영화를 비롯해 2007년
말까지 은행 자기자본비율 10% 의무화 및 예금보험제도를 통한 은행
권 구조조정 등을 추진하고 있다. 그러나 은행 민영화 일정이 자꾸 지
연되고, 국민들의 은행에 대한 신뢰 또한 높지 않기 때문에 러시아 정
부의 금융개혁이 성공할 지의 여부는 아직 불투명한 상태다.

부패 문제

러시아의 두번째 대내적 문제로는 행정 부패가 심하고 이에 대한 개
혁 노력이 미흡하다는 사실을 들 수 있다. 국제투명성기구
(Transparency International)의 조사에 의하면, 2003년 러시아의 반부패
지수는 86위로서 1998년 76위, 1999년 82위, 2002년 71위와 비교할

때 크게 다르지 않거나 오히려 더 나빠지고 있다. 이 같은 러시아의 부패는 해마다 러시아로부터의 순자본유출 규모가 확대되고 해외 투자자들의 러시아 진출을 어렵게 만드는 요인으로 작용한다. 참고로 2003년 일본의 반부패 지수는 21위, 한국은 50위, 중국은 66위를 기록했다.

소극적인 민영화와 정부의 간섭 확대

세번째 문제로는 러시아 기업들의 민영화가 계속 실패하고 있을 뿐 아니라 오히려 정부의 기간산업에 대한 지배가 강화되고 있다는 점이다. 러시아는 은행 등 금융부문으로부터 가스, 전기 등 독점산업에 이르기까지 구소련으로부터 내려온 국유화 시스템을 계속 유지하고 있다. 최대 민간기업이었던 유코스가 공중분해되고 사실상 국유화된 사건에서 보듯 러시아 정부의 민영화 의지도 의심받고 있다. 주요 기간산업의 국유화는 정부가 산하 기업에 대한 증세 등을 통해 손쉽게 재정문제를 해결할 수 있는 유인을 제공하며 궁극적으로는 경제 시스템 내부의 효율성을 저해시킨다.

빈부격차 심화와 민족주의 발호

이 밖에 러시아경제의 혼란이나 빈익빈 부익부 심화현상을 틈타 러시아 민족주의 세력이 발호해 주변국과의 마찰이 심해질지 모른다는 우

구 분	주요 내용	현실화 가능성	영향력
금융 시스템 불안	주요 금융기관의 부패, 정실 대출 등으로 효율적인 자금 흐름이 저해	높음	큼
부패 및 행정개혁 실패	부패가 만연한 시스템 (2003년 국제투명성지수 세계 86위)	중간	중간
민영화 실패 및 독점적 산업구조	가스·전기 등 주요 기간산업의 민영화 실패, 정부의 의한 에너지 산업 지배 강화로 생산 감소 및 비효율성 증대 우려	중간	중간
정치의 우경화	민족주의적 정당(조국당·자유민주당)의 대두	중간	중간
체첸 분쟁	체첸 문제의 확대, 사회적 불안 증폭	?	?

자료 : 마루베니(丸紅)경제연구소(일본)

러 또한 제기되고 있다. 러시아는 그 동안의 경제 호전 및 실질소득 증대에도 불구하고 전체 인구의 33% 정도가 여전히 빈곤층인 데다가 상대적 소득불균형도 심화되고 있다. 예컨대 러시아 소득 분포에서 상위 10% 대비 하위 10% 비율이 1991년에는 4 대 5였으나 2001년 중에는 13 대 8로 크게 악화되었다. 한편, 체첸 문제도 앞으로 어떻게 진행될지 여전히 미지수로 남아 있다.

05
러시아의 유망산업과 진출 전략

러시아는 우리에게 먼 나라도, 가까운 나라도 아니다. 광활한 영토를 바탕으로 우리나라의 바로 위에 자리하고 있는 셈이지만 경제활동의 주요 무대는 모스크바를 중심으로 한 유럽 지역이기 때문이다.

하지만 우리에게 러시아는 기회의 땅임은 분명하다. 그 동안 러시아는 전체 인구의 10%에 해당하는 소수의 부유층이 러시아 소비를 주도해 왔다. 하지만 2001년 이후 형성된 이른바 '중산층' 계층이 새로운 소비 주체로 급부상하고 있다는 사실을 각별히 주목할 필요가 있다. 2003년 현재 월평균 소득이 1,000달러를 상회하는 중산층 규모는 100만 가구에 이르는 것으로 추정된다. 이들은 최근 수출 주도의 경제를 내수 주도의 경제로 탈바꿈시키는 원동력으로 작용하고 있다.

결국 이러한 러시아 국민들의 소득수준 향상은 미국과 중국에 편중된 우리나라의 해외시장을 다양하게 열어줄 수 있는 기회 요인으로

| 시베리아 횡단철도(Trans-Siberian Railway : TSR) |

시베리아 횡단철도의 총 연장은 우리나라 경부선의 20배인 9,466km이다. 블라디보스토크에서 모스크바까지 열차를 타고 가면 시간대만 7번이나 바뀌는 세계에서 가장 긴 철도다.

이 철도는 1903년 러시아가 정치적·군사적 영향력을 극동지역까지 확대하기 위해 건설하기 시작했다. 하지만 근래에 들어 시베리아 횡단철도는 그 경제적 가치로 새롭게 주목받고 있다. 매년 물동량이 20~30%씩 늘고 있기 때문이다. 2004년에 미국이 수에즈 운하를 폐쇄하면서 그 경제적·전략적 가치가 더욱 높아졌다.

시베리아 횡단철도의 가장 큰 장점은 시간의 단축이다. 보통 배로 부산을 떠나 모스크바까지 화물을 운반하면 40일 정도가 소요되나 이 루트를 이용하면 그 절반인 20일로 단축할 수 있다. 남북한 종단철도(Trans-Korea Railway : TKR)가 건설되어 시베리아 횡단철도와 연계된다면 운송기간은 다시 그 반으로 줄어든다. 이렇게 된다면 부산항을 통해 태평양을 건너 미국 서해안으로 향하는 뱃길보다 시간상 더 빠르다. 미국보다 러시아가 시간적으로 더 가까워지는 것이다. 하지만 시베리아 횡단철도는 이용에 여러 가지 제약이 따른다. 즉 낙후된 시설과 시스템, 화물의 보안문제, 그리고 동북아를 둘러싼 지정학적 특수성이 그것이다.

작용할 것이다. 이미 이동통신을 필두로 한 IT 시장은 우리에게 기회를 제공하고 있으며 자동차시장도 우리나라의 중요한 거점으로 자리 잡고 있다. 풍부한 자원은 우리나라의 갈증을 풀어주기에 충분하며, 시베리아 횡단철도는 이러한 모든 가능성을 한층 높여주고 있다.[43]

하지만 이러한 가능성은 한·러 상호 우호관계뿐 아니라 한반도를 둘러싼 지정학적 안정이 지속될 때에 가능한 얘기다.[44] 다행스러운 점은 러시아는 북핵 위기 등 한반도 문제 해결에 대한 입장이 우리나라와 유사하고, 극동 및 시베리아 개발을 위해 우리를 중요한 파트너로 활용하기를 원하고 있다. 따라서 우리나라는 러시아와 긴밀한 유대 관계를 형성하면서 동북아 번영을 주도할 뿐만 아니라 한·러 협력 관계를 잘 활용해 불안한 모습을 보이는 동북아 정세를 안정시키는 데 중요한 역할을 담당해야 할 것이다.

금융산업에 적극적으로 도전한다

2003년 말 기준으로 볼 때, 러시아 은행의 총자산은 1,900억 달러로 우리나라 은행의 총자산 1조 달러의 20% 미만이다. 러시아의 8위 기업이자 최대 은행인 스베르방크(Sberbank)의 2003년 총자산은 526억 달러 수준으로 우리나라 최대 은행인 국민은행의 3분의 1 정도에 불과하다.

반면, 2003년 러시아 GDP는 4,342억 달러로 같은 기간 우리나라 GDP의 72% 수준이다. 즉 러시아는 우리나라와 비교할 때 소득에 비해 금융자산 축적도가 낮은 나라다.

그러나 골드만삭스[45]의 전망에 따르면 러시아경제 규모는 2018년 이탈리아(2003년 기준 GDP 1조 5,000억 달러), 2024년 프랑스(2003년 기준 GDP 1조 7,000억 달러), 2027년 영국(1조 8,000억 달러), 2028년 독일(2조 4,000억 달러) 수준에 육박할 것이라고 한다. 이는 향후 러시아의 금융자산 축적이 매우 빠르게 일어나면서 금융산업이 유망산업으로 부상할 수 있음을 시사한다.

따라서 국내 금융기관이 지점의 형태로 러시아에 진출하는 소극적인 방식보다는 비교적 점포망이 넓은 러시아 내 은행들을 인수함으로써 러시아 금융산업에 진출하는 좀더 적극적인 방식을 모색할 필요가 있다. 특히 출자총액제한제도에 묶인 국내 대기업들이 러시아 금융산업에 진출하는 것도 고려할 필요가 있는데, 단독 출자나 지분인수 방식보다는 국내외 금융기관을 업무집행사원(General Partner)으로 참여시키는 사모펀드(Private Fund)의 형태로 진출하는 것이 바람직하다. 이렇게 해야 금융산업 진출에 따른 시행착오를 줄일 수 있고, 위험분산 측면에서도 유리하기 때문이다.

다만 주의할 점은, 러시아가 국민들의 은행에 대한 불신이 매우 큰 나라라는 사실이다. 이러한 이유로 러시아의 은행 수는 1,300개를 웃돌지만 실제 예금은 대형 은행 30여 곳 정도에 집중되면서 나머지 은행 대부분은 도산 위기에 처해 있다. 그러므로 은행에 대한 예금주들의 신뢰를 얻기 위해서는 과감한 초기 투자로 자본력을 높여야 한다. 또한 러시아 내에서 비교적 신망이 높은 은행을 인수하거나 피인수 은행의 신뢰도가 다소 떨어지는 경우에는 완전히 새로운 이미지의 브랜드로 리모델링하는 전략이 필요하다.

한편, 러시아 금융산업으로의 진출은 궁극적으로 기업금융보다는 소매금융 측면에서 이뤄지는 게 유리하다. 러시아 은행 대출 중 소매금융은 5% 정도에 불과하며 기업금융의 경우에도 많은 부분은 불법 정실 대출이기 때문이다. 러시아 내 관행적 불법대출 등에 간여하는 경우 추후 금융개혁과 외국자본의 정리과정에서 본보기로 어려움을

당할 가능성이 있다.

반면, 앞에서 설명한 바와 같이 러시아는 인적 역량이 매우 높고 1인당 자원이 풍부하다. 이 때문에 골드만삭스는 2050년경의 러시아 1인당 국민소득이 G6 국가에 근접할 것이라고 예측한 바 있다.[46] 즉 향후 러시아는 부유층의 급속한 증가가 예상되므로 이들을 타깃으로 하는 소매금융 확대전략이 필요하다.

예컨대 초기에는 부유층 인적 네트워크를 형성하는 데 역점을 두고 고객을 유인한 뒤 이들에게 거래 편익과 안전, 그리고 비밀을 최대한 보장하는 스위스형 자산관리 서비스를 제공하는 방식으로 네트워크를 강화한다. 러시아가 아직까지 부패와 불투명도가 높고 러시아로부터의 순자본유출 규모가 확대되고 있음을 감안한 전략이다. 그러나 궁극으로는, 부유층 인적 네트워크를 통해 습득한 정보를 바탕으로 가장 열정적인 사회활동을 영위하는 중상류층 고객을 흡수하고, 이들에게 자산증식을 최우선으로 하는 적극적 자산관리 서비스를 제공한다.

해외 투자기관의 예측대로라면 향후 20~30년 후에는 이들이야말로 경제성장의 중추세력이자 가장 욕구불만이 많은 최대의 수익원이 될 것이기 때문이다.

한편, 은행부문 외에도 여신전문금융기관이나 보험산업의 러시아 진출 또한 모색할 필요가 있다. 우선 여신전문금융기관은 고객 수신을 전제로 하지 않는 기관으로서, 러시아보다 상대적으로 자금조달비용이 저렴한 우리나라에서 자금을 용이하게 끌어다 쓸 수 있다는 장점이 있다. 국내 대기업 계열의 금융기관이 진출하는 경우 잉여자금을 효율적으로 운용할 수 있다는 장점도 있다. 다만, 러시아 내 개인 신용정보 시스템이 미비하다는 점을 감안하면 신용카드업보다는 자동차 할부나 리스 등과 같은 부문으로 진출하는 게 바람직하다. 또한 러시아에 수출하거나 진출한 국내 기업과의 제휴를 통해 추진하는 게 정보 비대칭에 따른 손실을 최소화할 수 있는 방법이다. 국내 자동차산업을 비롯한 대기업의 러시아 진출이 증가하는 추세이므로 자동차보험을 비롯한 손해보험의 러시아 진출 또한 적극 모색할 필요가 있다.

중산층 확대로 뜨고 있는 소매시장을 잡는다

뜨고 있는 소비자시장

컨설팅 회사인 A.T.커니의 보고서에 따르면, 신흥시장 30개국을 대상으로 조사·발표한 '2004년 세계소매개발지수(GRDI)'에서 러시아가 가장 매력적인 소비자시장으로 평가됐다. 이는 러시아가 정치적 위험이 높고 법체계가 열악함에도 불구하고 경제성장이 두드러지면서 소비여력을 갖춘 중산층이 급격히 늘어나고 있기 때문이다. 러시아의 소비자시장은 인도·중국보다도 높은 성장잠재력을 보유한 것으로 나타났다.

순위	구 분	국가 위험	시장 매력도	시장 경쟁도	시장 잠재력	총점
1	러시아	56	56	77	100	100
2	인도	62	34	92	72	88
3	중국	71	42	62	90	86
4	슬로베니아	83	60	43	76	84
5	크로아티아	61	53	55	93	83
6	라트비아	64	55	54	89	82
7	베트남	52	29	90	66	76
8	터키	50	58	67	65	75
9	슬로바키아	69	48	35	100	74
14	한국	74	80	32	53	70

자료 : A.T.커니

*시장 매력도는 법·제도, 인구, 도시지역 인구, 소매업체 수 등을 고려함. 점수가 높을수록 좋음

**시장 경쟁도는 거주자 대비 소매판매액, 외국 소매업체 수, 선도 업체의 시장점유율 등을 고려함. 점수가 높을수록 경쟁도가 낮음

***시장 잠재력은 1999~2003년 사이 소매시장의 가중평균증가율(GAGR)을 기준으로 100에 가까울수록 시장의 개발 여지가 큰 것을 나타냄

　

이처럼 러시아 소비자시장이 좋은 평가를 받게 된 것은 최근의 일이다. 1980년대 냉전시대를 거치면서 러시아는 군사대국으로서의 이미지가 확고하게 자리잡고 있었다. 최근까지도 군사력과 관련된 산업분야 위주로 산업구조가 형성되어 왔다. 실제로 러시아는 1990년 세계 최대의 철강 생산국가였으며, 이를 바탕으로 중공업 분야의 성장이 두드러지면서 한때 서방세계를 위협하기도 했다.

그러나 소비자산업은 철저히 소외시켰다. 시장경쟁 체제 도입이 지연된 결과 러시아의 소비자산업은 최근까지도 생산성 향상에 애로

를 겪고 있다.

특히 잦은 관세 및 세관정책 변경, 취약한 물류·유통 구조, 고착화되고 있는 부정부패 문제 등은 생산성 향상을 저해하는 주요 요인들로 작용하고 있다.

그럼에도 불구하고 러시아가 세계에서 가장 매력적인 소매시장으로 꼽히고 있는 이유는 높은 교육수준을 가진 인력과 높은 저축률에 바탕한 경제성장이 가속화되면서 부를 축적한 중산층 기반이 확대되고 있기 때문이다. 1998년 외환위기 이후 푸틴 행정부가 들어서면서 급격한 경제성장세를 보이고 있는 러시아는 2000년에는 두 자릿수 성장률(10%)을 기록하기도 했다. 이로 인해 2003년 러시아에는 월평균 1,000달러를 넘는 가구 수가 100만 가구로 확대된 것으로 집계되고 있다. 소비여력을 갖춘 중산층의 확대는 러시아 소비자시장을 크게 활성화시켰다. 러시아의 소비자 지출은 2,800억 달러에 이르는 것으로 나타났는데, 이는 1999~2003년 사이 30%가량 성장한 규모다.

더욱이 러시아는 WTO 가입을 앞두고 있어 소비자시장의 성장 가능성이 매우 높게 평가되고 있기 때문에 외국계 기업들의 진출이 크게 증가하고 있다. 유럽 최대의 독일계 소매업체인 메트로AG(Metro AG)의 경우 이미 모스크바에 4개, 상페테르부르크에 2개의 하이퍼마켓을 운영하고 있으며 가까운 시일 내에 점포 수를 50개까지 늘릴 계획이다. 또한 러시아 내에서 메트로AG와 경쟁하고 있는 프랑스계 대형 소매업체인 오샹(Auchan) 역시 2002년에 첫 점포를 모스크바에 세운 이래로 러시아 내에 3개의 하이퍼마켓을 운영 중이다.

가려진 위험

러시아의 소매시장은 매력적인 만큼 위험 요인도 매우 많다. 법체계가 취약해 진출시 믿을 수 있는 파트너를 확보하지 못할 경우 커다란 어려움이 따르는 것으로 나타나고 있다.

특히 금융 인프라가 미흡해 현금결제 비중이 높은 상황에서 거래 상대방의 신용 부족으로 투자금·이익금 회수가 곤란한 경우 또한 매우 빈번하게 일어나고 있다. 실제로 계약이 성사된 후 선수금을 지급받은 러시아 기업이 회사명을 바꾸거나 잠적하는 사례가 있음에도 외국 기업 입장에서는 별다른 대책이 없는 것이 러시아의 현실이다.

기업활동에 있어 러시아에 만연한 부정부패와 안면거래 위주의 상거래 관행은 외국 진출 기업들에는 또다른 위험요인으로 작용한다. 이는 투명한 경영활동을 어렵게 하는 것은 물론 뇌물, 접대 등의 준조세성 비용 지출을 발생시켜 진출 기업들에 부담이 되고 있다.

시장 진출 전략

1998년 외환위기를 겪으면서 감소세를 보였던 한국과 러시아 간 교역이 2000년 이래 급격히 늘어나고 있는 추세에 있다. 이러한 추세는 러시아의 WTO 가입이 현실화되면 교역여건 및 투자환경의 개선을 통해 향후에도 지속될 것으로 보인다. 한국 기업들의 교역 확대와 함께 직접투자도 활발해질 전망이다. 이에 따라 한국 기업들도 세계에서 가장 매력 있는 러시아 소비자시장으로의 진출을 적극 고려하는 것이 중요하다.

러시아 소비자시장의 규모 및 성장 가능성을 고려할 때 가전제품 유통업, 가공식품 및 의류 임가공업 등의 분야가 유망할 것으로 판단된다. 특히 소득수준이 향상되고 브랜드에 대한 인식이 점차 확산되면서 전세계적으로 고급 제품으로 인식되고 있는 한국산 전자제품의 수입·판매업의 수익성이 높을 것으로 예상된다.

다만 지역별·계층별로 소비 패턴이 상이한 점을 고려할 때 저소득층이 몰려 있는 지역에 대해서는 기초 생필품 생산·판매업도 고려해 볼 만하다.

어느 나라에 진출하거나 마찬가지겠지만 러시아 시장은 진출 상품 선택이나 시장규모, 성장성, 관련법규, 세제, 유통·물류 등의 세부 여건을 면밀히 검토할 필요가 있다. 특히 독자 진출보다는 현지에서 믿을 만한 파트너를 확보하는 것이 바람직하다. 현지 유통, 통관절차, 조세제도 등 현지 사정을 잘 알고 있는 파트너 확보가 이루어지지 못할 경우 불필요한 비용 지불이나 시간 지연 등으로 경쟁력이 훼손될 가능성이 크다. 예컨대 현지 대형 유통업체 등과 제휴 관계를 맺는 편이 유리할 것이다.

한편 장기적인 차원에서 기업 브랜드의 이미지 제고가 필수적인데, 이를 위해서는 현지 기호에 맞는 디자인 개발과 애프터서비스 강화 등에 역량을 집중해야 한다.

하드웨어 시장을 선점하라

이동통신 단말기가 주도하는 러시아의 IT 산업

러시아 IT 시장 규모는 2003년 기준으로 하드웨어 47억 달러, 소프트웨어 9억 달러, IT 서비스 15억 달러 등 총 70억 달러를 웃돌았다. 2004년에는 이보다 26% 증가한 90억 달러에 이를 것으로 추산되고 있다.[47] 이는 브라질 93억 달러, 인도 58억 달러보다는 크지만 중국의 241억 달러에는 훨씬 못 미치는 수준이다.

러시아 IT 시장의 성장을 견인하는 것은 이동통신 시장이다. 러시아인들의 소득수준이 향상되면서 2000년 이후 이동전화 가입자가 폭발적으로 증가하기 시작했는데, 2005년 2월 현재 러시아의 이동전화 사용자는 전년 동기 대비 두 배가 증가한 총 8,000만 명으로 집계되고 있다.[48] 전체 인구의 절반 이상이 휴대전화기를 이용하는 셈이다.

이동전화 서비스의 빠른 확산은 이동전화 단말기의 판매증가로 이어지고 있다. 러시아 이동통신 단말기 시장은 2002년 700만 대에서, 2003년 1,700만 대로 늘어났으며, 2004년에는 2,000만 대로 추정되는 등 해를 거듭할수록 커지고 있다. 러시아 이동통신 단말기 시장에 진출한 주요 기업들을 살펴보면 노키아, 모토로라, 지멘스, 삼성전자 등 4개사가 80%의 시장점유율을 기록하고 있다. 특히 삼성전자는 러시아 시장의 20% 이상을 점유해 노키아 다음의 판매량을 기록하고 있으며, LG전자는 9%대의 시장점유율을 보이고 있다. 2004년부터

러시아 시장에 진출한 팬택&큐리텔도 월 1만 대 정도의 판매실적을 올리는 것으로 조사되고 있다.[49]

미개척 분야, PC 및 인터넷 네트워크 시장

이동통신 단말기에 편중된 수출구조 다각화

우리나라의 대 러시아 수출 가운데 IT 관련 제품의 비중은 2003년 현재 1%에 불과한 2억 달러에 그치고 있다. 그 중에서도 이동통신 단말기가 1억 3,000만 달러로 70% 가까운 비중을 차지하고 있다. 물론 향후에도 이동통신 단말기를 비롯한 무선통신기기의 전망이 밝으나 특정 품목에 편중된 수출구조는 바람직하지 않다. 그리고 이미 러시아의 이동통신 단말기 시장은 일정 수준 성장한 상태여서 개인용 컴퓨터나 인터넷 관련 네트워크 시장을 새롭게 개척해 차세대 러시아 IT 시장을 선점할 필요가 있다.

낮은 PC 보급률은 오히려 기회요인

한편 러시아의 PC 시장도 랩톱(Laptop) 및 노트북 시장이 50% 이상의 성장세를 보이는 등 확대일로에 있다. 하지만 2003년 현재 PC 보급률은 100명당 8.9명에 불과하다. 이는 세계 47위 수준이다. 우리나라가

100명당 55.8명인 것을 고려하면 러시아의 PC 보급 수준을 짐작할 수 있다. PC 보급률이 낮다 보니 러시아의 인터넷 시장 또한 미개척지나 다름없다. 2003년 현재 인터넷 사용자 수가 1만 명당 409명으로 러시아 인구의 4%에 불과하다.

인터넷 호스트도 1만 명당 42.2명으로 세계 52위 수준이다. 러시아 정부의 정보통신기술(Information Communication Technology : ICT) 촉진 프로그램도 아직 걸음마 단계다.

한편 러시아 정부는 PC 관련 부품의 무관세 수입 및 PC 구매자들에게 3년에 걸쳐 구매가의 39% 정도를 세액공제 받을 수 있도록 하는 방안을 검토 중이다.[50]

이를 통해 PC 보급률을 높여 정보화를 촉진시키겠다는 의도로서 곧 러시아 PC 시장의 활성화를 의미한다. 가격탄력성이 큰 러시아 PC 시장의 특성과 2003년 현재 100명당 8.9명[51]에 불과한 낮은 PC 보급률을 고려할 때 러시아의 이러한 정책은 향후 개인용 PC 수요를 크게 자극할 것이기 때문이다.

네트워크 인프라 시장의 수요 증가는 필연

PC 보급이 활성화되면 인터넷 이용자 수도 증가할 것이다. 그 동안 이동전화 가입자 수가 연간 20%를 훌쩍 뛰어넘을 정도로 빠르게 확산되는 것과는 대조적으로 인터넷 이용자 수는 연간 5~6%대의 증가에 머무르고 있다. 하지만 우리나라에서 이동통신 못지않게 인터넷이 빠르게 확산됐던 점을 감안하면 그리 불가능한 일은 아니다. 그리고 이러한 IT 수요를 받쳐주기 위한 네트워크 인프라의 수요 또한 함께 증가할 것으로 예상할 수 있다. 특히 러시아 기간통신망 프로젝트인 '일렉트로닉 러시아(Electronic Russia)' 프로그램은 네트워크 인프라 부문의 밝은 전망을 뒷받침해 준다.[52]

러시아 현지 정보에 정통하라!

이를 위해서는 무엇보다 현지정보에 정통해야 한다. 그래야 현재 원하는 것이 무엇인지를 정확하게 파악해 제품을 만들 수 있기 때문이다.

한국무역협회에서 '대 BRICs 수출시 애로사항'을 조사한 결과, '러시아 시장의 정보부족'과 '바이어(buyer) 발굴 및 신용도 조사의 어려움'이 각각 22.6%와 26.1%를 차지한 사실은 현지사정에 밝을수록 시장진출이 쉽다는 것을 다시 한번 말해 주고 있다.[53]

따라서 러시아의 판매기반과 시장정보에 정통한 유통업체를 통해 간접적으로 진출하는 방법도 고려해 볼 만하다.

또한 러시아의 민·관과의 교류 및 협력체계를 활성화함으로써 지역정보 및 러시아 사람들의 신뢰를 얻는 것도 진출에 큰 도움이 될 것으로 판단된다.

특히 시장뿐 아니라 기술과 관련된 교류를 통해 중장기적으로 러시아 시장에 뿌리를 내리는 방안도 유력할 것이다.

러시아의 천연자원을 확보하라

화석자원의 보고, 러시아

러시아는 석유 환산 총 3,623억 배럴 상당의 석유·가스 자원 매장량을 보유하고 있는 것으로 추정되며, 이 가운데 서시베리아가 79%를 차지하고 있다.

한편 러시아의 동시베리아 지역은 현재 석유 및 가스 매장량이 130억 배럴로 서시베리아의 4.7% 정도에 불과하나 이 지역의 자원탐사가 진행될수록 매장량 규모는 증가할 것으로 판단됨에 따라 세계 각국의 자원 쟁탈전이 치열하게 펼쳐질 것으로 예상된다.

동시베리아 지역 석유매장량 예상 규모에 대해 자세히 설명하자면 러시아 천연자원부 94억 배럴(1999년), 우드매켄지(Wood Mackenzie) 44억 배럴(2003년 1월), 일본석유공사 214억 배럴(2003년 5월) 등 각 발표기관 및 시기별로 차이가 심하나, 결국 이 사실은 이 지역에 대한 자원탐사가 가속될 경우 매장량 규모 또한 급격히 증가할 것이라는 전망을 뒷받침한다고 볼 수 있다.

나중에 설명하도록 하겠지만 이미 중국과 일본이 이 지역 자원 확보를 위한 경쟁에 돌입했다는 사실만 놓고 보더라도 충분히 그 가치를 인정받을 수 있다.

한편 러시아는 이들 지역 외에 사할린 지역에도 천연가스와 석유 등 화석연료가 풍부하게 매장되어 있는 것으로 조사되어, 세계 각국

러시아의 지역별 석유 및 가스 매장량 분포

구 분	초기 매장량			잔존 매장량		
	석유 (백만 배럴)	가스 (십억m²)	석유환산 (백만 배럴)	석유 (백만 배럴)	가스 (십억m²)	석유환산 (백만 배럴)
서시베리아	168,328	1,472,161	427,428	91,053	1,063,660	278,257
볼가−우랄	45,870	79,615	59,882	10,337	34,497	16,408
티만−페초라	12,620	48,509	21,157	7,710	22,044	11,590
극동	5,163	46,614	13,367	4,712	46,536	12,902
동시베리아	4,811	50,553	13,708	4,394	49,119	13,039
북코카서스	6,425	98,847	23,822	3,270	80,174	17,380
바렌츠	130	65,640	11,683	130	65,640	11,683
발틱	19	−	19	−	−	−
합계	243,366	1,861,939	571,066	121,606	1,361,670	361,259

자료 : Wood Mackenzie, 2003. 1. 1 ; 산업자원부 · 에너지경제연구원, 《동북아 에너지협력연구—동북아 송유관 연결 타당성 검토 연구》, 2004

사할린의 지역별 석유 및 가스 매장량

구 분	석유(억 배럴)	가스(십억m²)
사할린 I	26.8	17,000
사할린 II	10.7	15,264
사할린 III	9.9	20,700
합계	47.4	52,964

자료 : Wood Mackenzie, 2003. 1. 1 ; 산업자원부 · 에너지경제연구원, 《동북아 에너지협력연구—동북아 송유관 연결 타당성 검토 연구》, 2004

의 화석자원 쟁탈 표적이 되고 있기도 하다. 사할린의 경우 I~III 광구까지 구체적인 조사와 탐사가 이루어져 석유 47억 4,000만 배럴, 천연가스 또한 53조 m² 정도의 매장량이 있는 것으로 추정되고 있으며, 향후 탐사 및 개발의 진행에 따라 매장량이 더욱 증가할 것으로 전망된다.

따라서 러시아는 이 두 지역 자원을 이용해 경제적 · 정치적 목적을 이루고자 하고 있으며, 미국 · 영국을 포함한 세계 각국의 석유기업들이 이들 화석자원 확보를 통한 이익추구에 나서고 있다. 특히 중국과 일본은 석유 및 가스 공급 안전보장이라는 목표 아래 양국 간 이 지역 자원확보를 위한 첨예한 경쟁을 치르고 있다. 중국은 경제성장과 고도의 산업화에 따른 석유 수요 증가 및 수입량 급증으로 석유 및 가스 자원 확보를 위해 정부 차원의 노력을 기울이고 있고, 특히 러시아의 자원 확보를 통한 석유 및 가스 공급 안전보장을 이루고자 하고 있다.

반면 일본은 중국의 참여에 따른 석유 및 가스 공급 위협으로부터의 안전보장 달성 및 동북아 에너지 시장의 패권 장악을 목표로 러시아 자원 개발에 적극 참여하고 있는 것으로 알려져 있다.

해외 의존형 한 · 중 · 일 원유 수급구조

중국과 일본의 치열한 러시아 자원확보 경쟁의 틈바구니 속에 한국이라는 위상이 존재한다. 그렇다면 왜 굳이 중동 · 북미 · 북해 지역 등 화석자원이 풍부한 지역이 아니라 러시아일까? 우선 한국을 포함한 3개국의 원유 수급구조부터 살펴보기로 하자.

중국은 급속한 경제성장에 따른 산업화로 석유수요가 급증하고 있을 뿐 아니라 대외 수입의존도 또한 급상승할 것으로 판단되는데, 산유국임에도 불구하고 1993년 이후 원유 순수입국으로 전락했고 경제성장과 더불어 향후 원유 소비량도 급증할 것으로 전망된다.

중국의 석유소비량은 2002년 하루 536만 배럴로, 1993년 이후 석유 순수입국(2002년 기준 소비량의 31% 수입)으로 전락하는 등 2020년에는 석유소비량 하루 940만 배럴로 늘어나 수입의존도가 77.6%(하루 730만 배럴)에 달할 것으로 전망된다.

일본은 최근 석유소비량 감소에도 불구하고 여전히 석유소비 대국이며 석유의 대외의존도 또한 높다. 석유소비량은 1997년 하루 576만 배럴에서 2002년 534만 배럴로 1997년 대비 7.3% 감소했으나 중국에 이어 세계 3위의 석유소비 대국이다. 이러한 일본의 석유수입량은 1997년 565만 배럴에서 2002년 504만 배럴로 1997년 대비 10.8% 감소했으나, 대외 석유의존도는 1997년 98.1%에서 2002년 94.4%로 3.7%포인트 감소에 그쳐 대외 석유의존도가 여전히 높은 상태를 유지하고 있다.

결국 이러한 조건들은 중국과 일본 양국이 러시아 화석자원 개발을 위해 동시베리아 지역 및 사할린 지역에서 치열하게 경쟁하도록 만들고 있다. 따라서 중국과 일본은 지리적으로 가깝고 한국과 미국 등 북미 지역의 석유 및 가스 소비 시장 확보가 용이한 러시아의 화석자원 개발 및 확보를 위해 국가적인 경쟁을 치를 수밖에 없는 상황에 처해 있다.

한편 우리나라의 석유소비량은 1990년 3억 5,630만 배럴에서 2004년 7억 5,320만 배럴로 2배 이상 증가했으며, 원유수입량은 1990년 3억 8,400만 배럴(63억 8,000만 달러)에서 2004년 8억 2,600만 배럴(299억 2,000만 달러)로 무려 4배 이상 급증했다. 특히 중동 지역에 대한 수입 의존도가 1980년 98.8%에서 2004년 20.7%포인트 감소한 78.1%였지만 여전히 동남아시아(2004년 14.1%), 아프리카(2004년 5.2%) 등 타 지역에 비해 절대적인 비중을 차지하고 있는 상태다.

더욱이 한국의 에너지 해외의존도는 1980년 73.5%에서 2003년 96.9%로 23.4%포인트 증가해 에너지 안전보장에 큰 위협요인을 제공하고 있으나, 해외 에너지 자원 개발실적이 미미한 형편이다.

한국의 경우, 석유 및 가스의 해외개발을 통한 확보량(2003년)은 석유 7억 6,050만 배럴, LNG 9,328만 톤에 지나지 않고, 이는 우리나라의 2004년 석유소비량보다 불과 730만 배럴이 많은 수준이며, LNG는 2004년 소비량을 기준으로 하면 4.4년 간 사용할 수 있는 수준이다.

결국 중국이나 일본에 비해 한국은 에너지 수급구조로 볼 때 하나도 나을 것이 없는 데도 불구하고 이들의 러시아 화석자원 쟁탈전을 넋놓고 바라보고 있는 셈이다. 더군다나 영국이나 미국, 심지어 인도까지 러시아의 화석연료 자원을 두고 치열한 경쟁을 치르고 있는 상황에서 한국정부와 기업들이 너무 안일하게 대처하고 있는 것이 아닌가라는 생각마저 들게 하고 있는 것이 바로 러시아 천연자원 개발이다.

따라서 에너지 안전보장에 매우 취약한 구조를 가지고 있는 한국은 에너지 안전보장을 위해 총력을 기울여야 하는 환경 하에 놓여 있으며, 러시아 진출을 위한 적극적인 기회를 창출해야 할 단계에 왔다.

러시아 화석연료를 잡아라!

한편 중국과 일본이 해외자원 확보를 위해 치열하게 경쟁하고 있는 가운데, 한국은 이보다 한 걸음 뒤진 상태다. 특히 에너지 개발부문에 대한 정부 차원의 정책 자금이 부족한 상태에서 해외의 대규모 유전, 가스전을 개발하기란 그리 쉽지만은 않다. 따라서 한국은 에너지 개발을 위한 한·중·일·러 국가 간 공동 펀드 조성을 통해 러시아, 중국 등 동북아시아 지역의 에너지 자원탐사 및 개발을 수행·분배하는 방식에 대해 고려할 필요가 있을 것이다.

한편 동시베리아 송유관 건설 프로젝트의 경우 중국과 일본이 첨예하게 대립하고 있어 송유관 건설 자체를 둘러싼 한국의 입장 표명은 국가 간 분쟁을 야기할 소지가 있다. 따라서 관련 국가 간 공동 펀드를 조성해 동북아 에너지 분쟁을 회피해야 하며, 자원 탐사에서 개발까지의 사업을 공동으로 추진·분배함으로써 동북아 전체의 화석연료 안전보장 능력을 향상시킬 필요가 있다.

한국은 러시아에서의 중국과 일본의 경쟁구도에서 한 발 뒤져 있지만, 러시아 화석연료를 둘러싼 이러한 경쟁구도를 협력구도로 바꿀 수 있는 중립적인 입장에 있으며, 국가 간 공동 펀드 조성을 위한 교섭 창구 역할 수행을 통해 화석연료 안전보장 능력의 향상을 도모할

구 분	사할린 I	사할린 II
전송방식	송유관	LNG선(액화천연가스 운반선)
사업주체 (주식구성)	엑손모빌(30%), 사할린석유가스개발(30%), 인도 ONGC(20%), 러시아 SMNG · 로스네푸치(20%)	사할린 에너지(로열도이치셸 55%, 미쓰이물산 25%, 미쓰비시상사 2%)
광구명	Odoptu, Chayo, Arkutun-Dagi	Piltun-Astokhskoye, Lunskoye
매장량	원유 23억 배럴, 천연가스 3억 5,000만 톤	원유 11억 배럴, 천연가스 3억 6,000만 톤
생산시기	원유 2005년 예정, 천연가스 2008년 예정	원유 1999년(본격 생산은 2006년 예정), 천연가스 2007년 예정
총투자액	약 120억 달러	약 100억 달러
구입처 (가스)	미정	도쿄전력, 추부전력, 규슈전력, 히가시 도쿄가스, 동방가스

자료: 〈도요게이자이신문(東洋經濟新聞)〉, 2005년 2월 19일

수 있는 전략적인 위치를 점하고 있다. 따라서 국가적으로는 러시아 화석연료를 둘러싼 지정학적 환경을 전략적으로 활용해야 한다.

한편 일본의 경우 사할린 I 자원 확보를 위해 사할린석유개발협력(주)을 설립하고, 석유공단 50%, 해외석유개발 9.45% 등 공기업의 투자와, 이토추상사 9.45%, 마루베니 7.65% 등 민간과 정부 공동출자에 의한 컨소시엄 형태로 진출하고 있다. 또 일본의 노무라증권은 업종선택형 펀드인 레인보우 펀드 가운데 자원 에너지 펀드(2005년 3월 11일 현재, 노무라증권의 에너지 펀드의 평가 총자산액이 100억 원)를 조성해 해외 에너지 자원개발을 위한 투자자금으로 활용하고 있다.

한국 기업의 경우 일본보다 투자력이 떨어지고 개발 노하우 등에

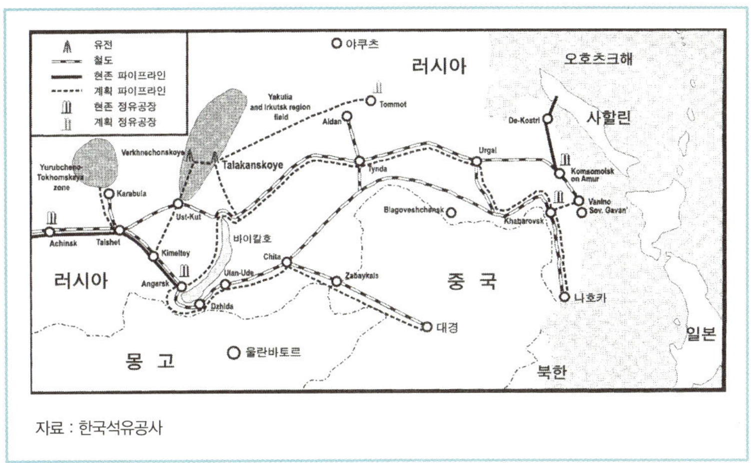

자료 : 한국석유공사

사할린 자원 개발 현황

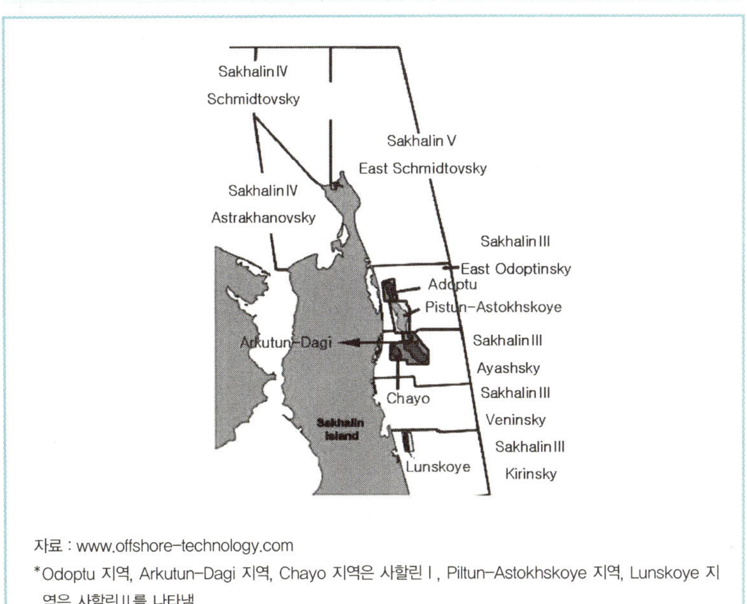

자료 : www.offshore-technology.com

*Odoptu 지역, Arkutun-Dagi 지역, Chayo 지역은 사할린Ⅰ, Piltun-Astokhskoye 지역, Lunskoye 지역은 사할린Ⅱ를 나타냄

서 열세에 있다. 따라서 다양한 펀드의 조성으로 투자자본을 확충하고, 민간 기업과 공기업이 공동 참여하는 컨소시엄을 활성화함으로써 개발 노하우 부족을 상쇄시키는 노력을 기울여야 한다.

특히 동시베리아 및 사할린 원유 및 가스 매장량은 시간의 경과와 함께 증가하고 있으며, 이 지역 자원에 대해서는 아직 탐사 중이거나 계획 지역이 훨씬 많이 남아 있으므로 초기 진입에 의해 일정 수준의 자원을 확보하고 향후 탐사 및 개발 사업에 대한 참여 가능성을 높이는 것이 중요하다.

이를 위해서는 기업 간 컨소시엄 조성을 통해 리스크를 분산시킬 필요가 있으며, 대외 교섭능력을 향상시킴으로써 좀더 안정적인 사업 기반을 구축해야 할 것이다.

폭발적 시장잠재력을 지닌 자동차시장을 석권하라

물오른 자동차시장

러시아 자동차시장은 이제 본격화되기 시작했다. 1992년 판매 대수가 80만 대였던 것이 2003년에는 150만 대까지 증가했다. 11년 만에 두 배 가까이 늘어난 것이다. 규모 또한 만만치 않다. 우리나라 자동차시장이 연간 100~150만 대 수준임을 감안하면 결코 작지 않은 시장이다. 인구당 자동차 보급률이 낮은 것도 긍정적인 요인이다. 러시아 인구 1,000명당 자동차 보유 비율도 152대로 우리나라의 313대에 비해 절반에도 못 미친다. 특히 3,300만 대의 자동차 등록 대수 중 50% 정도가 10년 이상 노후화되어서 국민소득이 현재와 같은 추세를 유지한다면 자동차 수요는 크게 증가할 것이다.

외국 브랜드의 각축장

러시아의 자동차시장이 급속도로 커지면서 자국 내에서 생산되는 양으로는 시장을 충족하기가 힘들어졌다. 현재 러시아 내에서 생산되는 자동차 대수는 연간 100만 대 수준으로 나머지 50만 대는 수입해서 쓰고 있는 실정이다.

이러다 보니 러시아 자동차시장에서 외국 기업들의 경쟁이 날로 치열해지고 있다. 러시아에서 판매되는 자동차는 자국 기업 68%, 러시아 내 외국 기업 6.5%, 수입차 25.5%(중고차 포함)로 구성되어 있어 러시아 내에서 생산되는 외국 기업의 차량과 수입차가 차지하는 비율은 30%를 웃돈다.[54]

예전에는 중고차를 수입해서 썼으나 최근 들어 외국산 신차의 비중이 점점 높아지고 외국산 중고차 비중은 점점 감소하는 것도 경쟁이 치열해짐을 보여주고 있다. 외국산 중고차의 비중이 2002년 31%에서 2004년 1분기 12.5%로 감소한 사이에 외국산 신차 비중은 8.2%에서 13%로 증가한 것이다. 러시아에 들어와서 직접 생산하는 외국 기업의 시장점유율도 꾸준히 증가해 2002년 0.8%에서 2004년 1분기에는 6.5%까지 올라갔다.

외국산 신차 시장에서는 미국이나 유럽산에 비해 한국이나 일본 등 아시아 자동차의 인기가 더 높다. 2004년 상반기까지 도요타 1위, 미쓰비시 5위, 닛산 6위, 현대 2위, 대우 4위, 기아 7위 등 판매실적 상위 10개사 중 한국과 일본 기업이 6개사나 진입했다. 한국차의 시장점유율은 2000년 27%에서 2001년 12%로 하락했으나 2002년부터 기존의 대우[55]뿐 아니라 현대, 기아자동차의 수출이 본격화되면서 2004년 상반기 현재 31%까지 상승한 상태다. 한국·일본 등 아시아권 자동차의 판매가 호조를 보이는 이유는 성능이 우수하면서도 유로화 강세로 유럽산에 비해 가격경쟁력에서 우위를 점할 수 있었기 때문인 것으로 분석된다.

수입 신차 판매량과 한국산 점유율

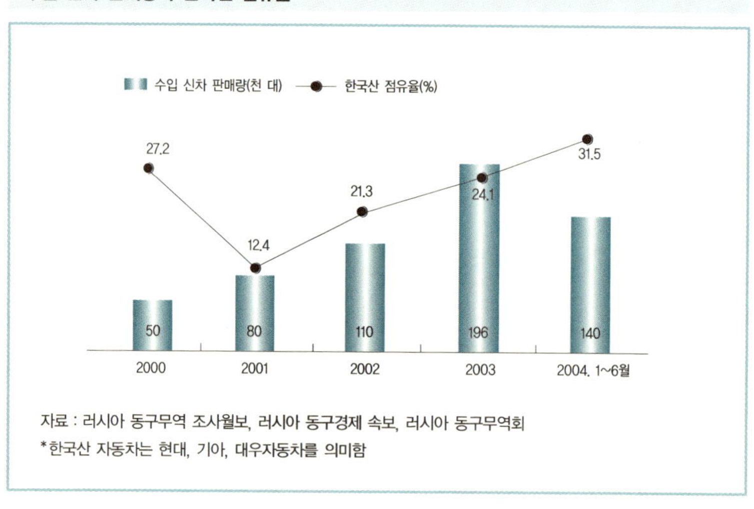

자료 : 러시아 동구무역 조사월보, 러시아 동구경제 속보, 러시아 동구무역회
*한국산 자동차는 현대, 기아, 대우자동차를 의미함

아브토바즈로 대표되는 자국 브랜드

러시아 자동차시장에서는 현재 아브토바즈(Avtovaz)를 비롯, 총 13개 업체가 활동 중이다. 하지만 이 중 7개 업체는 자국산 차를, 6개 업체는 외국 업체와의 합작생산을 통해 외국 차종을 생산 중이다. 자국 내 최대 생산업체는 아브토바즈인데, 자국산 생산의 70% 내외를 차지하고 있을 정도로 시장점유율이 높다. 하지만 아브토바즈 외에 나머지 6개 업체는 연간 판매 대수가 2만~8만 대 수준에 그치고 있다. 러시아 자동차시장의 낙관적인 전망과는 달리 러시아산 자동차는 루블화 강세에 따른 가격경쟁력 저하, 모델 변경과 신차투입 지연, 자동차 부품업체의 낮은 기술경쟁력 등으로 어려움에 처해 있다. 그러나 러시아 정부는 자동차산업 육성을 위해 2002년 채택한 자동차산업 발전계획을 바탕으로 외자도입, 외국 자동차 업체와의 제휴, 부품소재의 품질 강화 노력을 추구하고 있어 향후 귀추가 주목된다.

놓치기엔 너무 아까운 기회

앞서 말했듯이 러시아 자동차시장은 한창 활성화되고 있다. 전문가들은 러시아 정부의 시나리오대로 경제가 발전한다면 향후 몇 년 안에 두 배 이상으로 그 규모가 커질 것으로 내다보고 있다. 우리나라만 하

더라도 보유 대수가 700만 대에서 1,400만 대로 증가하는 데 1994년
에서 2003년까지, 고작 10년밖에 걸리지 않았다.

고급화로 승부하라

최근 러시아 자동차시장은 소득의 증가와 더불어 변화의 조짐을 보이
고 있다. 취향이 점점 고급화되어 가고 있는 것이다. 중고차의 수입이
줄고 값비싼 신차 수입이 증가하고 있는 상황이 그 증거다. 수입 신차
는, 판매 대수로는 13%를 차지하지만 매출액으로는 30%를 차지하고
있다.

　이러한 추세는 향후 계속될 것으로 보인다. 포드(Ford)의 자체 전망
분석에 따르면, 외국 수입차가 2003년 20만 대 수준에서 2006년 44
만 대까지 증가할 것으로 예상된다.[56]

현지 부품시장을 선점하라

러시아 국내 업체들은 전통적으로 부품의 80%를 국내에서 조달하고
있다.[57] 하지만 러시아 자동차 부품의 품질이 낮다. 상당수의 부품업
체들이 국제기준에 부합하는 부품을 생산할 수 있는 능력을 보유하고
있으나 대량생산시 동일한 품질 수준을 유지할 수 있을지 의문이고,
컴퓨터를 통한 설계능력 등의 부족으로 부품 수정이나 변경에 대한
적응력이 떨어진다는 지적이 있다.

따라서 단독이나 현지의 기술력 있는 부품업체와의 합작을 통해 러시아 자동차시장에 진출한다면 현지 생산시 제품 원가를 낮출 수 있고 기술력이 떨어지는 부품시장을 선점할 수 있는 장점 또한 있다.

사후관리를 철저히 하라

러시아 현지 자동차 업체와의 합작생산은 진출이 용이하고 시장을 빠르게 확보할 수 있는 장점이 있는 반면, 부품 수준이나 전반적인 기술력 등의 문제 때문에 본국만큼의 품질을 확보하기가 힘들다. 따라서 철저한 사후관리를 통해 고객의 요구에 부응함으로써 신뢰를 쌓아가야 한다.

판매장과 정비시설을 함께 마련하여 소비자가 믿고 구매할 수 있는 분위기를 조성한다거나, 신속한 정비가 가능하도록 자동차 부품공장을 현지에서 직접 가동하는 것도 좋은 방법이 될 수 있다.

중고차시장을 노려라

러시아 국민들의 기호가 점점 고급화되고 있는 추세이기는 하지만, 아직 러시아 국민들의 구매력은 우리나라의 절반 정도에 그치고 있다. 따라서 자동차 저변이 확대되면서 중고차시장 또한 커질 가능성이 높다. 한편 현대, 기아차의 수입자동차 시장점유율이 20%에 이르는 등 좋은 평가를 받고 있으므로 향후 우리나라 중고차의 선호도 또한 향상될 가능성이 크다. 단, 중고차시장에 진출하기 위해서는 국산 차종의 부품 확보가 용이해야 한다는 조건이 있다. 여기서 부품의 중요성이 다시 한번 강조된다고 하겠다.

주(註) 해설

1 골드만삭스, *Dreaming with BRICs*, 2003. 10

2 고르바초프의 경제개혁은 생산의욕 고취를 통한 생산성 향상과, 이에 따른 소련 국민들의 물질적 풍요를 목적으로 했으나 사회주의 경제체제 안에서의 개혁으로 평가받고 있으며, 자본주의 경제체제를 본격적으로 도입한 것은 아니다.

3 대외경제정책연구원, 《현대 러시아 정치 · 경제의 이해》

4 지불유예(支拂猶豫), 즉 부채상환의 일시적 연기를 뜻한다. 러시아 중앙은행은 1998년 8월 17일에 향후 90일 간 일부 외채에 대한 상환 연기를 공식 선언했다. 민간 대외채무에 대한 모라토리엄 대상은 180일 만기 이상의 해외금융 차입, 환매특약을 포함한 증권담보 보험료, 기체결 외환선물 거래 등으로 한정했다.

5 석유의 확인매장량은 95억 톤으로 밝혀졌으나 잠재매장량은 조사기관에 따라 174억~188억 톤에 이를 것으로 추정되고 있다.

6 BP, *Statistical Review of World Energy*, 2004

7 2003년 러시아의 원유수출액은 397억 달러로 전체 수출액 1,359억 달러의 29.2%를 차지했으며, 여기에 석유제품, 천연가스, 석탄, 코크스, 금속(비철금속, 알루미늄, 니켈, 동) 등을 더하면 원료부문 수출총액이 전체의 68%에 이른다. 2004년 9월 현재 석유수출액은 423억 달러로 전체 수출액 1,291억 달러의 32.7%를 차지하고 있다. 한국수출입은행, 〈산업구조 편중, 사회주의 유산 등 문제점 상존〉, 해외지역정보, 2005. 2. 21

8 지중해－러시아 우랄 현물가격(FOB 기준)은 1998년 6월 19일 배럴당 8.75달러까지 하락했다. 참고로 2005년 2월 25일 현재 가격은 42.59달러다.

9 1991년 소련 해체 이후 1992년 경제성장률은 −14.5%였으며 이러한 마이너스 성장률은 1996년까지 계속되는 등 러시아경제는 엘친 집권기에 침체에서 벗어나지 못했다.

10 구매력(Purchasing Power Parity)을 기준으로 GDP를 환산한 수치를 뜻한다.

11 엘친 대통령과 의회는 사사건건 대립하는 양상을 보였으며, 급기야 엘친 대통령은 1993년 10월 의사당에 포격을 가하고 연방의회를 해산시켰다. 또한 같은 해 12월 12일 실시된 국민투표를 통해 대통령 권한이 대폭 강화된 신헌법을 관철시키는 데 성공하고, 이를 바탕으로 과거보다 더욱 강력하게 개혁정책을 추진해 나

갈 수 있는 토대를 마련했다.

12 OECD calculations and estimates, www.OECD.org

13 EIA, *International Crude Oil Price Data*, www.eia.doe.go

14 연료, 비철금속, 목재류로 구성.

15 그 중에서도 유류(oil) 산업의 비중은 40%에 이른다.

16 OECD, *OECD Economic Survey of the Russian Federation 2004*

17 G7에서 캐나다를 제외함. 즉 미국, 영국, 프랑스, 독일, 이탈리아, 일본.

18 골드만삭스, *Dreaming with BRICs*, 2003. 10

19 북해 가스전이 발견되면서 네덜란드경제가 일시 호황을 누렸으나 자국 경제의 체질 개선을 이루지 못한 상황에서 유가가 하락하자 무역적자, 물가인상 등 여러 가지 부작용이 나타났던 증상을 두고 처음 등장한 단어다.

20 러시아 민간채무의 증가원인 중 하나로 자국 내 금융시장의 발달수준이 낮아 대규모의 자금조달이 어렵다는 점을 들 수 있으나 러시아경제에 대한 긍정적인 평가가 뒷받침되고 있다는 점은 부인할 수 없다.

21 단기외채 비율의 국제적 권고안은 60% 이하다.

22 러시아정부는 1992년 8월부터 1999년까지 9차례에 걸쳐 IMF로부터 총 153억 달러의 외채를 도입한 바 있다.

23 파리클럽이란 OECD 회원국을 중심으로 결성된 선진 채권국 비공식 협의체로, 1956년 파리에서 아르헨티나 부채문제를 협의하기 위한 채권국 회의가 개최된 것이 그 모태다. 회원국은 호주, 오스트리아, 벨기에, 영국, 캐나다, 덴마크, 핀란드, 프랑스, 독일, 아일랜드, 이탈리아, 일본, 네덜란드, 노르웨이, 러시아, 스페인, 스웨덴, 스위스, 미국 등 19개국이다.

24 러시아가 구소련의 외채를 포함해 파리클럽에 지고 있는 부채는 2004년 10월 현재 444억 달러에 달하며, 러시아는 이의 조기상환을 위해 파리클럽 회원국들과 협상을 진행 중이다.

25 OECD, *OECD Economic Survey of the Russia Federation 2004—The Sources of Russian Economic Growth*

26 The Central Bank of the Russian Federation, *Bulletin of Banking Statistics*, 2004. 12

27 혁신 시나리오는 행정 · 입법 · 사법 부문 개혁의 진전, 비석유 제조업으로의 성공적인 다각화, 첨단 정보통신산업 육성을 통한 지식정보화 사회로의 전환에 성공할 경우다.

28 기본 시나리오는 개혁부진, 산업구조 다각화 실패, 투자 저조 등으로 경제정책이 실패할 경우다.

29 우랄산 원유가격 기준.

30 한국수출입은행, 〈러시아 GDP 2배 목표 달성을 위해 혁신적인 경제개발정책 추진〉, 《수은해외경제》, 2005. 3

31 BP, www.bp.com

32 서시베리아 평원 남서부에 위치, 북카자흐스탄 지역과 옴스크, 톰스크, 스베르들로프스크에 인접했으며, 석유뿐 아니라 러시아 최대의 쿠즈바스 광산을 포함한 석탄(940억 톤), 철(5.3억 톤), 망간(980억 톤), 하석(1.5억 톤), 인(4,300만 톤), 기타 건설자재 등을 보유해 러시아 내에서도 자원의 보고로 꼽힌다. 한·러 시베리아 과학기술 협력센터(siberia.kist.re.kr) 자료 참조.

33 산업자원부, 에너지경제연구원, 〈동북아 송유관 연결 타당성 검토 연구〉, 《동북아 에너지협력 연구》, 43쪽, 2004. 3

34 산업자원부·에너지경제연구원, 〈동북아 송유관 연결 타당성 검토 연구〉, 《동북아 에너지협력 연구》 2004. 3

35 러시아 유전은 미국 텍사스 지역 유전에 비해 생산성이 30% 수준이라는 분석결과가 있다. William W. Lewis, *The power of productivity ; wealth, poverty, and the threat to global stability*, The University Of Chicago Press, p. 176, 2004

36 원유수출을 위한 기반시설은 1991년 이후 이렇다할 확충이 이루어지지 않고 있다. William W. Lewis, *The power of productivity ; wealth, poverty, and the threat to global stability*, The University Of Chicago Press, p. 177, 2004

37 2005년 2월 러시아와 중국은 60억 달러 선급 결제조건으로 2010년까지 중국에 약 5,000만 톤의 석유를 공급하는 계약을 체결했다. 한국수출입은행, 〈최근 러시아와 중국과의 60억 달러 석유공급 거래 및 자금지원 배경〉, 2005. 2. 7
러시아정부의 이 같은 결정은 유코스 사태와 복잡하게 얽혀 있는 것으로 해석되고 있으나, 기존 발트해와 흑해를 통한 유럽 지역에 편중된 원유수출을 다변화하려는 움직임으로 볼 수 있다.

38 독립국가연합(Commonwealth of Independent States : CIS)은 1991년 12월 구소련이 소멸되면서 구성공화국 중 11개국이 결성한 정치공동체로 1991년 12월 21일 알미아타에서 출범식을 갖고 탄생했다. 회원국은 러시아, 우크라이나, 벨로루시, 몰도바, 카자흐스탄, 우즈베키스탄, 투르크메니스탄, 타지키스탄, 키르기스스탄, 아르메니아, 아제르바이잔이다.

39 러시아의 천연가스는 국내 가격을 낮게 책정하는 대신 수출가격은 높게 책정하는 이중적인 가격제도를 유지하고 있다. 이는 결국 천연가스 수출을 통해 벌어들이는 수입으로 자국의 난방 및 산업을 우회적으로 보조해 주는 셈인데, 서유럽 국가들의 심한 반발을 사고 있다. 따라서 EU를 비롯한 서유럽 국가들은 러시아의 WTO 가입의 전제조건으로 러시아 국내 천연가스 가격의 정상화를 요구하고 있다. 대외경제정책연구원,《현대 러시아 정치·경제의 이해》, 2004. 9

40 1929년 스탈린에 의해 계획된 러시아 최대의 철강 제조업체로 마그니트나야산의 자철광과 서시베리아 쿠즈네츠크 탄전의 석탄을 이용해 철강을 생산한다. 이 회사가 위치한 '마그니토고르스크(Magnitogorsk)'는 자석을 뜻하는 'magnito'와 도시를 뜻하는 'gorsk'의 합성어로 과거부터 철광석이 풍부한 곳이었다.

41 러시아 내 철강시장 점유율 16%를 차지하는 러시아 제2의 철강 생산업체다. 종업원 수는 5만 3,000명에 이른다.

42 러시아 내 철강시장 점유율 12%를 차지하는 러시아의 세번째 철강 생산업체다.

43 전문 경영컨설팅사인 A.T.커니가 이머징 마켓 30곳을 대상으로 실시한 세계소매개발지수(GRDI) 조사에서도, 러시아는 2003년에 이어 2004년에도 세계 1위를 차지한 사실에서 그러한 가능성을 확인할 수 있다.

44 러시아와 미국은 여전히 가상 적국이며 어느 한쪽의 힘이 일방적으로 커지는 것에 대해 심리적 거부감을 갖고 있다. 중국은 과거 러시아와 같은 체제의 국가였지만 유라시아의 경제 및 정치적 주도권을 두고 향후 치열한 패권 경쟁을 벌일 가능성이 있다. 일본과 러시아는 러·일 전쟁과 제2차 세계대전 중 상호 주적(主敵) 관계에 있었으며 지금도 북방 4개 섬 등을 둘러싸고 영토 분쟁이 계속되고 있다.

45 골드만삭스, *Dreaming with BRICs*, 2003. 10

46 골드만삭스, *Dreaming with BRICs*, 2003. 10

47 IDC, 2004. 7

48 ACM-Consulting., KOTRA

49 디지털콘텐츠, 2004. 7

50 주러시아 한국대사관

51 World Economic Forum, *The Global Competitiveness Report, 2004–2005*, 2004

52 정보통신정책연구원,《BRICs의 IT 현황과 전략적 진출방안》, 2004. 9

53 한국무역협회

54 판매 대수 기준, 2004년 1분기 현재. Russia Automotive Industry, *US Foreign*

Commercial Service, 2004

55 대우자동차는 인근 우즈베키스탄 현지법인을 통해 생산된 차를 러시아에 수출하고 있다.

56 한국수출입은행, 〈러시아 승용차 시장, 호조세 계속〉, 《수은해외경제》, 74~75쪽, 2004. 10

57 주러시아 한국대사관, 《러시아 승용차 산업 분석》, 2004

PART 3

아시아의 거인에서 세계의 거인으로

인도

인도가 오랜 잠에서 깨어나 세계경제의 한 축으로 당당한 발걸음을 내딛기 시작했다. 인도는 1990년대 중반 이후 정보기술(IT) 산업의 높은 성장세에 힘입어 2004년 8.2%의 고성장을 기록했고 2005년에도 세계경제의 침체를 딛고 6~7%의 성장률을 유지할 것이라는 전망이 우세하다. '세계 소프트웨어의 공장'이라는 별칭을 갖고 있는 인도는 전세계 주요 소프트웨어 업체가 아웃소싱하는 제품의 65%를 독식하고 있다. 세계적인 IT 불황에도 인도가 고성장을 지속하는 이유는 무엇일까. 그리고 수출만이 살 길인 한국이 소비의 블랙홀인 인도와 중국시장의 확대를 위해 어떤 대응을 준비해야 할지 생각해 보자.

01

긴 잠에서 깨어난 아시아의 거인

인도는 경제 규모 면에서 세계 어느 나라도 부럽지 않은 나라다. 2004년 말 현재, 국토 면적 328만 7,000km^{2}로 한반도의 15배, 남한의 33배이며 세계에서 일곱번째로 넓은 땅을 가지고 있다. 그 중 절반 이상이 경작이 가능한데, 경작가능 지역은 전세계의 12%에 이른다. 인구 또한 빼놓을 수 없다. 2003년 현재 전체 10억 6,500만 명으로 중국 다음으로 풍부한 노동력을 갖고 있기 때문이다. 머지않아 인도 인구가 중국을 능가할 것으로 내다보는 사람들도 많다.

단지 인구가 많은 수준에서 그치는 것도 아니다. 교육수준도 매우 높아 도시지역 문맹률은 20%이하이며, 1,700만 명의 세계적인 IT 개발인력을 보유하고 있다. 특히 기초과학 분야에서 6명의 노벨상 수상자를 배출할 정도로 높은 수준의 인적 자원을 자랑한다.

이러한 양과 질의 결합을 바탕으로 인도의 경제규모는 2003년

GDP가 5,900억 달러로 세계 12위를 차지하고 있다. 구매력 기준으로는 세계의 5.7%인 3조 900억 달러로 미국 · 중국 · 일본에 이어 세계 4위다. 따라서 전문가들은 향후 중국과 함께 인도가 아시아 시장의 맹주로 부상할 것이라 분석하고 있다.

그러나 이 같은 우수한 성적표는 1인당으로 나누면 볼품이 없다. 1인당 GDP는 우리나라의 20분의 1 수준인 500~600달러선이기 때문이다. IMF는 2004년 인도의 1인당 GDP를 603달러로 예상했다. 이는 세계 133위에 불과하다. 인도의 낮은 물가수준을 고려한 구매력 기준 GDP(2003년 기준)도 1인당 2,849달러로, 인도를 제외한 BRICs 국가들이 평균 5,000~1만 달러임을 감안할 때 제일 낮은 수준인 만큼, 인도가 신흥 경제대국으로 부상할 것이라는 주장에 자칫 의문이 들 수도 있다. 그런데도 인도는 왜 전세계의 주목을 받고 있는가?

멀지만 가까운 나라, 인도

인도는 왠지 우리에게 친근하게 다가온다. 우리나라의 역사와 문화, 그리고 정서에 뿌리 깊은 영향을 준 불교의 발상지, 100여 년 전 우리나라를 '동방의 등불'이라고 노래했던 시성(詩聖) 타고르,[1] 세계의 성인으로 추앙받는 인도의 국부(國父) 마하트마 간디, 외세의 침략에 주권을 빼앗긴 후 다시 일어나 독립 국가를 건설한 역사적 공감대…. 우리는 알게 모르게 정서적 · 문화적으로 인도와 이미 친숙해 있다.

하지만 정작 인도와 우리나라는 과거 물적·인적 교류가 활발하지 못했다. 아니 거의 없다고 하는 편이 옳을 것이다. 인도와의 수교도 대한민국이 건국된 지 25년 후인 1973년에야 비로소 이루어졌지만 경제 교류는 활발하지 못했다. 수교 이후에도 인도는 제3세계의 맹주로 서방이나 동구권과는 일정한 거리를 유지하면서 미국보다는 오히려 소련과 가까운 관계에 있었기 때문이다. 인도 독립 이후 자와할랄 네루 수상이 정치적으로는 민주주의를 표방했지만, 사회주의 계획경제 체제를 표방함으로써 인도경제 개발정책 또한 구소련경제 체제의 많은 부분을 답습했다.[2] 그리고 사회주의경제 체제를 근간으로 하는 경제개발 모델은 1991년 인도의 경제개혁이 본격적으로 시작되기까지 40년 이상 지속됐다. 독립 이후 반사회주의 이념에 충실했던 우리나라의 과거사를 돌이켜보면 인도와의 교류가 다소 소원했던 것은 자연스러운 일이었다.

자급자족과 사회주의경제 체제는 폐쇄성을 특징으로 한다. 그 영향은 경제개혁이 10년 넘게 진행된 최근까지도 남아 있어 한국의 무역 상대국으로서 인도는 고작 20위권에 머물고 있다. 비중으로 따지면 1.5%에 불과하다. 인도의 전체 무역규모도 우리나라의 절반에도 미치지 못한다. 한국보다 20배나 많은 인구를 고려한다면 매우 적은 수준이 아닐 수 없다.

하지만 최근 우리나라 기업의 인도 진출은 그 어느 때보다 활발하다. 중소기업보다는 대기업 위주의 진출과 투자가 두드러지는데 LG전자와 삼성전자가 이미 가전제품의 일부 품목에서 인도 시장점유율

1~2위를 다투고 있으며, 현대자동차는 타밀나두 주 첸나이에 현재 연간 25만 대 생산능력을 갖춘 생산 라인을 가동 중이다. 또한 2007년까지 15만 대 생산능력을 갖춘 제2공장을 추가로 건설할 계획이라고 한다.

불과 몇 년 사이에 이렇게 분위기가 바뀐 것은 1991년 인도의 경제 개혁 이후 외국기업 유치에 관심을 갖는 인도정부의 태도 변화와 우리나라 기업들이 인도시장의 가능성을 누구보다 먼저 발견하고 투자를 꾸준히 해온 덕분이라고 할 수 있다.

인도식 발전 모델의 실패

최근 인도경제가 세계의 주목을 끌고 있지만 1991년 IMF로부터 구제 금융을 받을 만큼 과거의 모습은 불안했다. 인도정부가 경제발전에 무관심했던 것은 아니다. 우리나라보다도 10년 이상 먼저 종합적인 국가개발계획[3]을 수립했을 만큼 독립 이후 국가재건을 위한 인도정부의 움직임은 남달랐다. 또한 독립 이래로 추진된 토지개혁과 1960년대 이후 녹색혁명 등을 통해 농업부문이 비약적으로 발전한 것은 큰 성과로 평가받고 있다.[4]

하지만 기본적으로 자급자족을 우선으로 하는 다소 폐쇄적인 정책과 러시아 모델을 수용하면서 파생된 공공부문의 비효율성 증대, 가난 퇴치를 명목으로 하는 선심성 보조금 남발, 국방비 확충[5]에 따른 재정 악화, 민족 · 종교 · 사회계급의 다양성에 따른 일관된 경제정책의 부재 등이 맞물리면서 인도경제는 좀처럼 기지개를 켜지 못했다. 오히려 스스로 맹주임을 자처하는 제3세계 국가들 사이에서조차 서서히 뒤지기 시작하는 현상이 발생했다.

결국 1980년대 말부터 외국투자가 줄어들고 인도의 국제신용도가 하락하면서 점차 장기성 외환 도입이 어려워졌고 이에 인도정부는 재정적자를 메우기 위해 단기성 외채에 의존할 수밖에 없었다. 설상가상으로 경상수지 적자가 GDP의 3%에 달할 정도로 악화됐고 외환보유고 또한 11억 달러[6]까지 줄어들었다. 그 결과 1991년 경제성장률은 전년 6.0%에서 2.1%로 곤두박질쳤다. 이른바 외환위기가 닥친 것이다.

인도경제의 획기적 전환

경제개혁

인도는 이 같은 경제 상황에서 벗어나기 위해 1991년 5월 라지브 간디의 암살 이후 등장한 라오(P. V. Narasimha Rao) 총리는 경제개혁을 단행했다.

그는 산업규제 완화를 통한 진입장벽 제거, 외국인 자본유치를 위한 개혁조치, 개방지향적 무역 및 외환정책, 적자재정 및 무역적자를

해결하기 위한 구조조정 등을 추진했다.[7] 또한 1992년 IMF와 세계은
행에서 차관을 도입하는 방안을 의회에서 관철시켰으며 1995년에는
WTO 가입에 성공했다.

이러한 일련의 조치들은 인도 독립 이후 50년 가까이 지속된 자급
자족형 사회주의 방식 경제체제의 근간을 뒤흔드는 시도였다. 물론
인디라 간디[8]와 라지브 간디의 집권기에도 경제정책 변화를 시도한
적이 있었지만, 1991년에 단행된 개혁조치는 획기적인 것이었다.

경제개혁 초기, 정부는 재정적자와 무역수지 적자를 해소하기 위
해 긴축적인 재정정책을 유지하여 각종 보조금 등 사회보장부문에 대
한 정부지출을 줄였다.

그 결과 임금근로자와 농민층, 그리고 빈곤층의 생활수준을 떨어

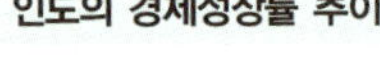

인도의 경제성장률 추이

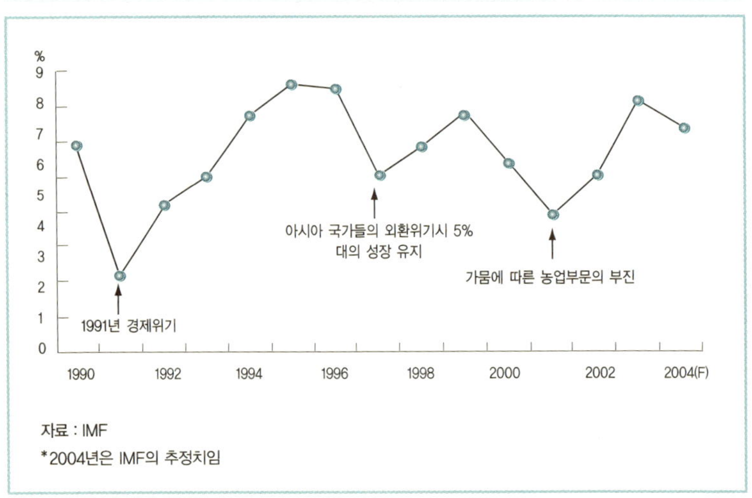

뜨리는 부작용을 감수해야 했다. 하지만 경제성장률은 1994년 이래로 2004년까지 연평균 6%대를 기록하는 등 인도는 새로운 경제체제에 빠르게 적응해 가고 있다.

개선되고 있는 경제지표

이웃 아시아 국가들이 1997년 이후 외환위기로 진통을 겪는 동안에도 인도는 오히려 5~6%대의 견실한 성장세를 유지했다. 2000~02년 기후조건이 전반적으로 악화되면서 농업부문이 부진한 모습을 보이며 성장세가 4%대로 둔화되기도 했지만, 2003년에는 성장률이 7.2%대로 올라섰다.

2004년에는 강수량 부족에 따른 농작물 생산 감소와 국제 유가의 고공행진 속에서도 6%대의 성장[9]이 예상되고 있다. GDP에서 차지하는 농업 비중이 20%를 웃돌고 수입액에서 차지하는 원유 비중이 30%에 육박하는 인도의 경제구조를 감안한다면, 2004년 악조건 속에서의 6%대 성장은 그만큼 인도경제의 체질이 강화됐음을 의미한다.

2003년 이후 인도경제가 활성화되고 있는 이유는 성장동력인 서비스산업이 지속적으로 좋은 실적을 거둠과 동시에 생산성 향상과 중산층의 소득 증가 등 구조적인 개선이 이루어지고 있기 때문이다. 특히 GDP에서 제조업과 서비스업이 27%와 51%를 차지하면서 산업구조가 농업 중심에서 점차 다각화되고 있다는 점은 의미 있는 변화로 평가받는다.

| 세계 명품 브랜드의 인도 진출 |

미국의 세계적인 투자기관인 메릴린치(Merrill Lynch)와 갭 제미나이(Gap Gemini)는 2003년 기준으로 인도에 금융자산만 100만 달러가 넘는 특수 부유층은 6만 1,000명이라는 조사결과를 발표했다. 인도의 명품 시장은 이런 특수 부유층을 대상으로 하는 틈새시장으로 인식되고 있다. '튀는 소비'를 경멸하던 과거와는 달리 자본주의가 확산되면서 고가 명품이 가진 자의 상징으로 인식이 바뀌고, 경제발전과 주식시장의 호황으로 중산층의 주머니가 두둑해지고 있는 것이다. 하지만 소비의 주축인 중산층이 고가 명품을 구입하는 것이 인도에서는 아직까지 예외적인 일이다.

그러나 최근에 들어 인도에 진출한 고가 브랜드의 실적이 나날이 개선되고 있는 것은 사실이다. 뉴델리에서 이탈리아 고급 정장 브랜드 에르메네질도 제냐(Ermenegildo Zegna)는 파리보다 가격이 10% 높은 최고급 수제 정장이 일반 상품보다 더 많이 팔린다고 한다. 2003년에 인도에 처음 진출한 루이뷔통 또한 2년 사이 매출이 두 배 증가해 이미 1992년에 진출한 중국에서의 매출과 맞먹는 수준까지 성장했다. 이 밖에 포르셰 등 고급 외제 승용차도 수입 관세가 104%나 부과되는 가운데에서 연간 2,000대 이상 팔린다고 한다.

세계의 명품 브랜드에게 인도는 '잠자는 코끼리'로 불린다. 그만큼 잠재력을 인정받고 있다는 얘기다. 인도에 진출한 많은 해외 고가 브랜드는 인도가 그 잠에서 깨어나기만을 고대하고 있다.

이러한 변화는 각종 경제지표의 개선으로 나타나고 있다. 2003년의 물가는 농작물 풍작에 따른 식품가격 하락과 직물 및 의류가격의 하락으로 3%대에서 안정적인 모습을 나타냈다. 2004년에도 유가를 비롯한 국제 원자재 가격의 상승이 악재로 작용했으나 소비자 물가상승률은 전년과 비슷한 3.8% 수준에서 유지될 전망이다.

인도의 루피화 환율도 1달러당 45루피 수준에서 큰 변동 없이 안정적인 모습을 보이고 있다. 환율은 2000년에 들어서면서 선거와 관련된 정치적·사회적 혼란으로 약세를 보이기도 했으나, 정부자산 매각과 관련된 대규모 외국인 자본 유입과 미 달러의 약세로 2003년 이래 그 가치가 올라가기 시작해 2004년 1달러당 45루피 수준을 유지하고 있다. 하지만 인도의 고성장, 경상수지의 흑자 등과 함께 미 달러화의 글로벌 약세 탓에 향후 루피화 가치는 당분간 상승할 전망이다.

외환보유고는 2000년 말 379억 달러에서 지속적으로 증가해 2003년에는 970억 달러를 기록했다. 한편 총외채 잔액이 다소 늘고는 있지만, 2004년 현재 GDP의 16.2%로 지난 몇 년 간 꾸준히 낮아지고 있으며, 단기외채 비중이 4%에 불과하고 상환도 잘하고 있기 때문에 외환위기에 빠질 가능성은 낮은 것으로 평가된다. 또한 인도는 당국의 지속적인 금융부실 해소 노력으로 총여신에 대한 부실채권 비중이 2000년 7%에서 2003년에는 5%로 낮아졌다. 이는 25% 내외의 중국과 비교하면 매우 양호한 상태다.

2004년의 경제성장세는 2005년에도 지속될 전망이다. IMF에 따르면, 2005년 인도경제는 세계경제의 성장세 둔화에도 불구하고 6~7%의 성장률을 기록할 것으로 예상된다. 이는 주요 수출지역인 미국과 중국경제의 경기가 안정적인 성장세 유지와 IT 부문을 중심으로 인도의 수출이 호조를 띨 것으로 예상되기 때문이다. 2004년 4월 집권한 신정부도 집권기간 중 7~8%의 경제성장률을 목표로 설정했다.

구 분	1999	2000	2001	2002	2003	2004(F)
경제성장률(%)	6.7	5.4	3.9	5.0	7.2	6.4
실질 GDP(억 달러)	2,894	2,922	2,892	2,950	3,305	3,613
1인당 명목 GDP(달러)	438	454	459	473	543	602
1인당 PPP GDP(달러)	2,227	2,354	2,467	2,696	2,890	3,096
소비자 물가상승률(%)	4.7	4.0	3.8	4.3	3.8	3.8
실업률(%)	–	9.2	9.2	9.3	9.1	–
환율(루피/달러, 평균)	42.99	44.87	47.13	48.52	46.42	45.16

자료 : IMF, 인도중앙은행(RBI), 로이터(Reuters) 등 각 호
*2004년은 IMF의 전망치이며 실질 GDP는 루피화로 표시된 결과를 환율로 나눈 것임

구 분	2000	2001	2002	2003	2004(F)
외환보유고(억 달러)	379	459	677	970	1,000
총외채규모(억 달러)	1,004	1,015	982	1,018	1,059
GDP 대비 외채 비중(%)	22.0	20.2	19.5	17.6	16.2

자료 : EIU, *Country Report* 각 호
*2004년은 전망치임

국제사회의 뜨거운 러브콜

최근 인도에 대한 외국인의 시각도 변화의 조짐을 보이고 있다. 사실 지난 10년 간의 지속적인 경제개혁·개방 정책 추진에도 불구하고 해외 신용평가기관들은 인도에 대해서 투자적격 수준보다 낮은 등급을 유지했다.[10] 하지만 2004년 1월 세계 주요 신용평가기관인 무디스가

인도의 등급을 기존 Ba1에서 투자적격 등급인 Baa3으로 상향조정했다. 피치IBCA도 투자적격 등급은 아니지만 2004년 1월에 인도의 투자 등급을 BB에서 BB+로 한 단계 상향한 바 있다.

인도정부는 1991년 이후 꾸준한 경제개혁과 시장개방 정책을 지속적으로 추진하고 있다. 외국인 투자유치 증대에 역점을 두고 2000년 4월 경제특구 등에 관한 특별법 제정과 외국 기업에 대한 직접투자 100% 허용, 그리고 면세 인센티브 등을 제공하면서 외국인 직접투자는 꾸준히 늘고 있다. 인도정부의 발표에 따르면, 2004년 4~9월 간 외국인 직접투자액이 전년 동기 대비 68% 증가한 23억 8,000만 달러를 기록했으며 2004년 목표인 50억 달러 달성은 무난할 것으로 예상하고 있다.

국제적인 컨설팅 업체인 A.T.커니는 2004년에 인도를 중국·미국

주요 신용평가회사에서 발표한 인도의 신용등급

무디스	S&P	피치 IBCA
Baa3(2004. 1. 22)	BB(1998. 10. 22)	BB+(2004. 1. 21)

자료 : 각 사 자료 참조
*괄호 안은 신용등급 평가기준일

대 인도 외국인 직접투자 추이

구 분	단위	1998	1999	2000	2001	2002	2003
외국인 직접투자	억 루피	1,334	1,687	1,934	1,927	2,129	1,430
	억 달러	32	39	43	41	44	31

자료 : Ministry of Commerce and Industry, SIA, *SIA Newsletter*, June 2004
*실행기준. 연평균 환율로 환산함

에 이어 세계 세번째 투자유망국으로 선정하기도 했다.[11] 이러한 일련의 움직임은 2004년 7월 인도정부의 통신·보험·항공부문에서 외국인투자 지분한도확대[12]결정에서 비롯됐다고 볼 수 있다. 하지만 대 인도투자를 더욱 활성화시키기 위해서는 '지침 18호(Press Note 18)' 규제[13] 등 자국산업 보호를 위해 외국인 투자를 제한하는 요인들을 완화하거나 폐지해 나가야 할 것이다.

신정부와 인도경제의 미래

2004년 총선에서 예상 밖의 결과가 나타났다. 과거 5년 간 높은 경제성장을 이룩한 전국민주연합(National Democratic Alliance : NDA)을 누르고 국민의회연합(VNC)이 집권당으로 새롭게 등장했기 때문이다.[14] 지금껏 추진해 온 경제정책의 일관성에 대한 의구심마저 증폭되는 가운데 향후 인도경제의 행보에 큰 관심이 모아졌다.

국민의회연합은 기존의 전국민주연합에 비해 빈민층에 대한 분배를 강조하며, 공산주의 계열 정당을 포함, 20여 개의 정당으로 이루어진 신집권연합(United Progressive Alliance : VPA)이라는 이름으로 내각을 구성한 상태다. 집권당의 성향만 놓고본다면 이러한 우려는 당연한 결과다.

하지만 1991년 경제개혁을 주도했던 '인도경제의 설계자' 만모한 싱(Manmohan Singh) 전 재무장관이 총리에 임명됨으로써 경제개혁의

| 만모한 싱 (1932~) |

고희가 넘은 나이에 인도 총리로 취임한 만모한 싱은 1991년 IMF 구제금융 이후 인도경제를 위기에서 구해내고 개방의 길로 이끈 인도의 대표적인 경제관료로 평가받는다.

싱 총리가 추구했던 경제정책의 기조는 〈인도의 수출 경쟁력(India's export competitiveness)〉이라는 그의 박사논문 제목에서 엿볼 수 있다. 1947년 독립한 이후 인도가 자급자족을 우선으로 하는 다소 폐쇄적인 정책기조를 유지하고 있을 때에 청년 싱은, 영국 옥스퍼드 대학에서 세계를 향한 인도를 꿈꾸었는지도 모른다. 그리고 35년 후 1991년 재무장관에 오른 그는 자신의 손으로 인도경제를 개혁과 개방으로 이끌었다.

인도경제에 그가 미치는 영향력은 매우 크다. 2004년 5월 하원의원 총선에서 예상과는 달리 국민회의연합이 당시 집권당인 전국민주연합을 누르고 승리하자 인도의 주가지수(뭄바이 센서티브 지수)는 이틀 간 11%나 폭락했으나, 싱이 총리로 선출되자 이틀 간 다시 11% 급등해 과거 4년 이래 최대 반등기록을 나타내기도 했다.

인도 최초의 시크교도 총리이기도 한 그는 지금 '인도경제의 설계자'라는 명성을 넘어 힌두·시크교 간의 갈등을 풀 수 있는 상징적인 존재로 새롭게 주목받고 있다.

후퇴에 대한 우려가 크게 감소됐다. 또한 총선이 끝나고 한 달도 채 지나지 않은 상황에서 공동경제계획(Common Minimum Program : CMP)을 발표했다. 싱 총리는 시장 경제원리에 밝은 전문가답게 향후 정부의 경제정책을 신속하게 발표함으로써 불안감을 가라앉히고 시장참여자가 향후 인도경제의 방향을 미리 가늠토록 한 것이다.

동요했던 인도경제는 공동경제계획 발표가 나오자 안정을 되찾았다. 개혁정책 후퇴를 우려한 인도경제계는 불안감을 떨치고 오히려 그의 정책을 환영하는 반응이었다. 특히 부가가치세의 조속한 도입,

재정적자 해소, 공기업 개혁, 노동법 재검토 등을 포함한 일련의 조치를 긍정적으로 평가했다.[15]

하지만 향후 경제운용이 낙관적인 것만은 아니다. 우선 GDP의 5%에 달하는 재정적자를 해소한다는 목표와 빈곤층에 대한 다양한 재정지원 정책은 상충될 수밖에 없다.[16] 해외자본의 관심사항인 민영화 부문도 수익을 내는 국영기업을 대상에서 제외했다. 이는 속도를 내고 있던 공기업의 민영화 바람[17]에 역풍으로 작용할 것이다.[18] 해외 직접투자(FDI)와 직결되는 외국인 지분상한선은 통신부문 49%에서 74%로, 보험부문 26%에서 49%로, 항공부문 40%에서 49%로 확대할 것을 발표했으나 그 시행이 보류된 상황이며, 은행부문에 대한 외국인 지분에 대해서는 오히려 현재 74%에서 10%로 대폭 축소하는 방안이 의회에 제출된 상태다.

대외무역에 대해서는 기존의 무역자유화 기조를 유지하면서 인도가 이미 약속한 사항들을 예정대로 이행할 것으로 보인다. 다만 향후 국제기구와의 협상 등에서 자국의 입장이 좀더 우선적으로 고려될 것임을 시사하고 있어 다소 보수적인 입장의 보호무역주의 성향이 강화될 것으로 예상된다.

싱 총리는 '인간의 얼굴을 가진 개혁'을 약속했다. 하지만 향후 개혁의 속도는 총리가 얼마만큼의 영향력을 발휘하느냐와, 총리를 보좌하는 재무부 장관이 연합정당과 원활한 의견조율을 할 수 있느냐의 여부에 달려 있다.[19] 좌파연정의 한계가 생각보다 높기 때문이다.

인도의 초고속 성장을 이끄는 5대 산업

지난 10여 년에 걸친 인도의 산업구조를 살펴보면, 3차산업의 비중은 급속히 늘어나고 있으나 제조업 비중은 변하지 않고 있다. 2003년 말 현재, 인도의 산업별 GDP 생산비중을 1991년과 비교하면 농업 등 1차산업은 32.7%에서 21.0%로 줄고, 제조업 등 2차산업은 27.4%에서 27%로 현상유지를 한 반면, 3차산업이 39.9%에서 52.0%로 크게 늘었다.

3차산업의 비중이 높은 것은 공공기관 및 개인 서비스업이 비약적으로 발전했기 때문이다. 다만 인도정부가 세계의 생산기지로 변모해 나가고 있는 중국에 자극을 받아 제조업을 장려하고 있음에도 불구하고 제조업 비중이 낮은 이유는, 최근까지도 기간산업(대부분 공기업 형태)을 제외한 정부의 제조업 성장촉진 정책의 부재 때문으로 평가된다.

최근에도 국내 총고정자산 형성액 가운데 매년 40% 이상이 이들 공기업에 투자되고 있다.

인도의 성장 기대주, IT 산업[20]

인도의 IT 시장은 총 58억 달러로 추산된다. 이 가운데 하드웨어 부문이 35억 달러, 소프트웨어 부문이 5억 4,000만 달러(단, 수출품은 미포함), IT 서비스 부문이 18억 달러를 차지하고 있다. IT 산업 전문 컨설팅 업체인 IDC 조사에 따르면, 인도의 IT 시장은 2008년까지 연평균 19.8% 증가해 전체 시장규모가 139억 달러에 이를 것으로 전망된다. 하지만 현재 인도의 IT 시장은 GDP 대비 1% 수준으로 아직 본격적으로 활성화됐다고는 볼 수 없다.

인도의 IT 산업은 해외시장을 주요 타깃으로 삼고 있다. 특히 인도 소프트웨어 산업이 전세계에 차지하는 비중은 7~8%에 이른다. 소프트웨어의 수출도 2003~04회계년도에 122억 달러에 달해 인도 전체 수출의 20% 이상을 차지했다.[21] 또한 맥킨지는 2008년까지 소프트웨

|인도 IT 산업 발전의 원인|

① 영어 사용

② 저임금의 소프트웨어 기술인력 풍부

③ 효과적으로 축적된 기초과학 지식

④ 인도정부의 집중적인 STP(Software Technology Park) 육성 등 IT 산업정책

⑤ 주요 고객인 미국과 정반대에 위치하고 있다는 지리적 이점

⑥ 미국식 개발체계 및 교육훈련제도 도입

자료 : 주인도 한국대사관(2003. 12), 〈인도투자 및 플랜트 수출 안내서〉, 72~78쪽

어 산업의 수출액이 500억 달러에 이를 것으로 전망했다.

인도 IT 산업의 힘은 우수한 노동력에서 찾을 수 있다. 인도 공과대학(Indian Institute of Technology), 인도 과학대학(Indian Institute of Science)을 비롯해 230여 개의 종합대학 내 2,100여 개의 컴퓨터 관련학과와 각종 교육기관을 통해 매년 12만 명의 IT 관련 인력이 배출되고 있으며, 이들 중 연간 4만~5만 명이 해외로 진출하는 추세다.

현재 미국 실리콘 밸리의 경우 기술자 중 인도인의 비중은 30~40%에 이른다.[22] 미국으로 진출한 인도의 IT 인력들은 미국과 인도 IT 산업의 가교 역할을 하고 있으며, 그 결과 생산량의 78%를 미국에 수출할 정도로 인도 IT 산업은 세계 최대 시장인 미국에 뿌리를 내리고 있다.

그러나 인도의 IT 산업이 긍정적인 면으로 가득 차 있는 것은 아니다. 우선 인도 IT 산업은 소프트웨어 분야에 치중되어 있다는 것이 장점이자 단점으로 지적된다.

또한 미국 IT 업체로부터 수주를 받는 형식이기 때문에 높은 수익을 기대하기 힘들다. 아울러 미국시장에 지나치게 의존하는 구조 때문에 미국 IT 산업의 부침과 운명을 같이하고 있다. 일례로 2001년 미국 실리콘 밸리의 불황에 따라 인도 IT 산업도 크게 위축된 바 있다.

최근에도 미국 IT 산업의 불경기 또는 외주(outsourcing) 축소 움직임으로 인도의 IT 산업 역시 성장이 둔화되지 않을까 우려하는 목소리도 나오고 있다.

세계 자동차 회사의 각축장

인도의 근대적 자동차산업은 1930년 미국의 GM과 포드가 CKD(완전조립) 방식[23]을 통해 인도에 진출하면서 시작됐다. 75년에 걸친 긴 역사를 가지고 있는 셈이다. 하지만 인도의 자동차산업은 생산능력 제한, 고율의 물품세와 같은 각종 규제로 오랜 역사에 비해 이렇다할 발전을 이루지 못했다.

이러한 규제들은 인도정부가 산업근대화 정책을 추진함에 따라 완화되고 있다. 그 동안 자동차산업 개방화에 다소 소극적이라는 지적을 받아왔던 인도정부는 1991년 7월 라오 정권의 경제개혁 이후 승용차 생산능력 제한규정 철폐, 외국자본 출자 허용비율 확대(51%), 국산화 의무비율 폐지 등을 통해 자동차산업의 규제조항을 완화 내지는 제지하기 시작했다.

그리고 2002년 '자동차산업 신정책(New Auto Policy)'을 발표하면서 자동차 분야에 대한 외국인 직접투자 완전개방, 신규 외국 투자기업에 대한 최소자본금 투자기준 폐지 등 개방의 폭을 더욱 확대했다.[24] 이러한 움직임은 2004년 부품수입관세 인하 및 특별부과세 삭제 등을 발표하면서 부품산업에 대한 육성책으로 확대되고 있다.

인도정부의 노력과 함께 인도시장의 잠재력이 대외적으로 알려지기 시작하면서 현재 인도시장에는 스즈키를 비롯해 현대, 도요타, 닛산, 마쓰다, 피아트, 포드, GM 등 10개가 넘는 해외 유수의 자동차 생산업체들이 진출해 있다.

이 가운데 스즈키의 현지 합작법인인 마루티(Maruti)는 인도 자동차 시장의 50%를 점유하고 있으며 현대가 18.5%의 시장점유율로 그 뒤를 쫓고 있다.[25]

한편 이들 업체는 최근 인도 내의 생산능력을 확대하고 있다. 먼저 현대의 경우 2007년 가동을 목표로 15만 대 생산능력 확충계획을 발표한 바 있고, 인도시장을 선점한 스즈키도 2007년까지 25만 대의 생산능력을 추가 확보할 계획이다. 이 밖에 도요타, GM 등도 생산능력을 경쟁적으로 키우고 있다.

해외 유명 자동차 생산업체들이 앞다투어 인도투자를 확충하는 이유는 무엇보다 시장잠재력 때문이다. 최근 인도는 1991년 경제개혁 이후 안정적인 성장을 바탕으로 1991~2003년까지 내수판매량이 3배 증가해 승용차 64만 대를 포함, 연간 100만 대 규모의 시장으로 성장했다.

그래도 10억을 웃도는 인구에 비해 자동차 보급률은 승용차와 트럭, 버스 등을 다 합쳐도 1% 수준에 불과해 향후 내수시장이 확대될 수 있는 여지가 충분한 것으로 분석된다. 13억 인구의 중국 내수시장이 연간 430만 대이고 1억 7,000만 인구의 브라질과 1억 4,000만 인구의 러시아의 내수시장이 연간 130만 대인 것을 감안할 때 인도의 자동차시장이 크게 확대될 것은 분명하다.

열악한 도로사정과 국민소득에 비해 상대적으로 높은 휘발유값[26] 등이 문제이지만 10억 인구를 가진 인도의 자동차시장은 하루가 다르게 발전하는 인도경제와 더불어 크게 성장할 것이다.

산업의 뿌리, 농업

인도는 인구의 75.5%가 아직 농촌 지역에 분포하며 GDP의 18%, 수출의 10% 이상을 농업부문이 담당하는 전형적인 농업국가다. 인구가 10억을 웃돌지만 식량 자급자족은 물론 수출까지 가능할 정도로 생산량 또한 풍부하다.

주요 농산물은 쌀, 밀, 콩, 참깨, 면화, 사탕수수, 옥수수 등이며, 특히 차·원당·바나나 등은 세계 1위, 쌀은 세계 2위, 밀은 세계 3위의 생산 수준을 보유하고 있다. 우리에게 매우 익숙한 향신료인 생강, 후추, 심황[27]은 인도가 생산 종주국으로 전세계 생산량의 25~30%를 차지할 정도다.[28]

사람들은 인도의 농업생산량이 세계적 수준인 이유로 흔히 아열대 몬순기후와 광활한 농토와 같은 천혜의 조건을 먼저 떠올린다. 인도에서는 남한 면적의 33배에 해당하는 국토 중 절반 이상에서 농사를 지을 수 있다. 즉 인도의 경작가능 면적은 남한 면적의 17배인 셈이다. 이 규모는 전세계의 경작가능 면적 중 12%에 달한다. 관개농업 가능지역 또한 경작지의 20%나 되어 세계에서 두번째로 넓다.[29] 아열대 몬순기후는 농작물의 성장에 더할나위 없는 좋은 기후를 제공해준다.

하지만 '구슬이 서 말이라도 꿰어야 보배'라는 우리 속담이 있듯이 오늘날 인도의 농업이 있기까지에는, 녹색혁명이라 불리는 생산성 향상과 토지개혁 같은 제도적 개혁이 뒷받침되었다.

독립 후 인도는 공업화에 중점을 두었다. 농업은 공업의 발전을 통해 이룰 수 있을 거라고 판단했기 때문이다. 따라서 이 당시 농업정책은 토지개혁을 중심으로 하는 제도 측면에 치중됐다. 당시 토지개혁은 자민다리(Zamindari) 등 중개인 제도 철폐와 상층 소작농의 자영농화 등을 주요 내용으로 삼았다. 비록 하층 소작인과 빈농 및 무토지 노동자에 대한 토지 재분배는 거의 이루어지지 않았지만 농민 상층부에서는 제한적으로나마 일정한 성과를 거둘 수 있었다.[30]

하지만 제도적 개혁으로만 농업생산성을 증대시킬 수는 없다. 인도는 독립 초기부터 마하트마 간디가 제창한 마을 단위의 자립자족 경제 사상을 지지했으나[31] 벵갈 등 일부 지역의 기근은 해마다 되풀이됐다. 1965~66년 연이은 가뭄과 1965년 인도·파키스탄 전쟁으로 미국으로부터 대규모 식량수입 또한 불가피했다. 이에 당시 인도 수상 인디라 간디 여사는 경제개발의 방향을 중공업 중심에서 농업 중심으로 수정했다.

농업정책도 제도개혁에서 생산성 향상으로 초점을 변경했다. 밀, 쌀과 같은 다수확 품종 육성, 화학비료와 살충제 사용, 관개시설·개보수 및 확충을 통한 2모작 달성, 그리고 다양한 보조금 제공 등을 주요 골자로 하는 '녹색혁명'은 미국의 록펠러(Rockefeller)와 포드 재단의 지원을 받아 1967~78년까지 지속되면서 인도를 오늘날 세계적인 농업국가로 만들어놓았다.[32] 그리고 이것은 농업이 경제발전에 어떠한 영향을 줄 수 있는지를 보여주는 세계적인 사례로 손꼽히고 있다.

대표적인 농업국가인 인도의 경제는 강우량에 커다란 영향을 받는다. 잘 나가던 인도경제가 2001년 가뭄으로 3%대의 성장에 그친 경우나, 2003년 우기에 충분한 비가 내리면서 7%를 웃도는 성장을 기록한 것은 농업이 인도경제 전체에 미치는 파급효과를 잘 보여준다.

풍부한 강우량은 농업생산량 증가와 함께 6억 명이 넘는 농업관련 인구의 소득증가로 나타나고, 농민의 소득증가는 왕성한 소비활동으로 이어져 결국 인도경제 전체로 확산된다. 어찌 보면 강우량이 나라 경제 전체의 명암을 좌우하는 셈이다.

섬유산업의 위기와 기회

인도의 섬유 역사는 고대 인더스 문명까지 거슬러 올라간다. 견직물의 발상지인 중국 황허(黃河) 문명도 인도의 면직물에 비하면 그 역사가 짧다. 인도의 섬유 역사가 우리나라 역사만큼이나 오래 된 이유는 바로 데칸고원을 품고 있기 때문이다.

인도 중남부의 마하라슈트라 주, 안드라프라데시 주, 카르나타카 주에 걸쳐 분포하는 데칸고원은 건 · 우기가 뚜렷이 구분되는 반건조 기후와, 현무암이 무려 1억 년 가까이 풍화되어 형성된 비옥한 흑토 지대로 이루어져 있어 목화 재배에 우수한 조건을 갖추고 있다. 면적 또한 인도 국토의 6분의 1에 해당하는 50만km²에 이른다. 이는 남한 면적의 5배에 해당한다.

이러한 자연조건은 인도를 세계 면화 생산의 15%를 차지하는 세계 최대 면화 생산국으로 만들었다. 인도는 면화를 바탕으로 한 면직뿐만 아니라 견직·모직 등 풍부한 천연섬유를 생산하고 있다. 값싸고 풍부한 노동력과 수공예 기술을 바탕으로 일찍이 섬유산업을 발전시켜 왔기 때문이다.

현재 인도의 섬유산업은 GDP의 4% 정도지만 전체 산업생산에서 20%를 차지할 정도로 인도 제조업에서 차지하는 비중이 크다. 수출 또한 인도 전체 수출액의 30%를 차지한다. 고용창출 효과도 커서 고용 인구만 3,500만 명에 이른다.

하지만 정부의 과잉보호 아래 고급 기술과 첨단 생산설비에 대한 투자가 저조하고, 규모 또한 노동집약적인 소규모 영세산업 수준에서 크게 못 벗어나 생산성이 크게 떨어지는 약점을 갖고 있다.

인도 섬유산업의 영세성을 더 이상 방치해서는 안 된다는 자각의 목소리와 다자간 섬유협정(Multi Fiber Arrangement : MFA)[33]의 종료는 인도 섬유산업에 변화의 바람을 불어넣고 있다. 예전보다 치열한 경쟁이 예고되기 때문이다.

우선 인도정부는 2010년까지 면화 생산성 50% 향상, 동력 직조 부문을 포함한 공장의 현대화, 인프라 시설 확충 등에 220억 달러를 투자해 수출을 500억 달러로 늘려간다는 계획을 수립했다.[34]

섬유업계도 생산능력 확장이나 규모의 경제를 위한 구조조정을 발빠르게 진행하고 있다. 최근 우리나라 중고 섬유기계의 대 인도수출 전망이 높은 이유도 인도 섬유업계의 이 같은 움직임에서 비롯된 것이다.

5000년의 역사를 지닌 인도의 섬유산업은 이제 서서히 변화의 기지개를 켜고 있다. 그리고 인도는 그 변화에서 또 다른 기회를 잡으려하고 있다.

세계적인 철강 대국

인도는 지하자원의 보고다. 인도에서 생산되는 광물자원을 살펴보면 연료 광물 4종, 금속류 10종, 비금속류 50여 종, 기타 광물 22종 등 총 86종으로 전체 생산규모는 연간 6억 톤에 달한다. 광물산업의 비중은 금액 면에서 2001~02회계년도 기준으로 114억 6,000만 달러다. 지난 10여 년 간 매년 6%씩 성장해 전체 GDP의 2~3%, 전체 수출액의 10%(약 52억 달러) 이상을 차지하고 있다.

이 중 철광석 매장량은 119억 톤(채광 가능 매장량)으로 세계에서 가장 많은 것으로 알려져 있다. 인도 동쪽의 오릿사 주가 대표적인 철광석 산지인데, 이 곳에만 40억 톤의 철광석이 매장되어 있는 것으로 조사되고 있다. 우리나라도 철광석 수입량의 6% 이상을 인도에서 수입하는 상황이며, 호주산 철광석 가격이 급등하면서 인도산 물량이 증가할 것으로 예상된다.[35]

인도의 철강산업은 이처럼 풍부한 철광석과 석탄을 바탕으로 정부가 주도하는 가운데 발전했다. 제2차 경제개발 5개년계획(1956~60년) 수립에 즈음해 발표된 1956년 산업정책결의(Industrial Policy Resolution)

에서 철강부문은 '중앙정부가 독점하는 분야'로 규정됐으며, 그 후 TISCO(Tata Iron & Steel Company)와 IISCO(Indian Iron and Steel Company)를 제외한 모든 민간부문 기업의 철강생산은 중단됐다.

하지만 1991년 인도의 경제자유화정책은 철강산업에도 적잖은 변화를 가져왔다. 민간부문의 진입을 자유롭게 하고 외국인 투자자의 지분이 51% 이하인 경우 자동 승인되도록 했다. 또한 수출입을 자유화하고 수입관세 인하에도 노력을 기울였다. 이러한 잇단 조치들로 그 동안 국내 시장보호 및 정부보조금정책 등을 통해 비효율 상태에서 안주하던 SAIL(Steel Authority of India Ltd.) 등 공기업은 관료적 경영구조를 근본적으로 혁신하고 신기술 도입을 통한 철강제품 개발에 주력하지 않을 수 없었다.

철강산업에 대한 각종 규제 철폐와 ISPAT, JINDAL, SALEM, ESSAR 등 인도의 신흥 제철공장들이 미니밀(Minimill)의 형태로 시장에 진입하면서 인도 철강산업은 조강생산량 기준 세계 9위(2,880만 톤)를 기록, 인도의 대표적인 산업으로 성장하고 있다.

또한 타타스틸(Tata Steel) 등 인도의 주요 철강업체들이 생산능력을 증가할 계획에 있고, 우리나라의 포스코, 일본의 신일본제철 등도 인도시장 진입에 박차를 가하고 있다. 포스코의 경우 호주 BHP 빌리턴과 함께 연간 생산량 1,000만 톤 이상의 대규모 제철소 건설을 추진 중이다. 타타스틸은 오릿사 주 동부해안에 연간 600만 톤 생산규모의 제철소를 건설하는 등 오는 2008년까지 생산량을 현재의 2.5배인 1,500만 톤으로 확대할 계획이다. 이와 같이 생산능력이 계획대로 확충된다면 인도의 철강 생산량은 2012년에 1억 톤을 웃돌 것이라는 전망까지 나오고 있다.

물론 인도의 철강산업에 문제점이 없는 것은 아니다. 생산성이 낮은 미니밀 형태의 소규모 제철소들은 인도 철강산업의 생산력을 떨어뜨리고 있다.[36] 1991년 경제개혁 이전의 부산물이 아직까지 일부 존재하는 것도 문제다. 철강산업이 개방된 지 10년 동안 많은 규제를 철폐 또는 완화했지만 여전히 관세가 높고 여러 가지 명목으로 정부보조금이 유입되고 있으며, 불필요한 인력이 고용되는 등 개선할 부분이 아직 많이 남아 있는 것으로 평가된다. 더욱이 최근 전세계적인 원자재 가격 상승으로 부족한 원료탄(Coking Coal) 확보에 비상이 걸리면서 원가 상승압력을 받는 것도 철강업계의 부담으로 떠오르고 있다.

어떤 것이든, 명암은 공존하게 마련이다. 하지만 인도의 철강산업은 최근 어두운 면이 줄어드는 대신 점점 밝은 면이 늘고 있다. 인도의 철강산업이 선진화되기까지는 여전히 많은 고비가 남아 있지만 지금까지 추진된 제도개혁이 최근 철강가격의 상승과 맞물리면서 좋은 여건을 맞이하고 있는 것 또한 사실이다.

현재의 기회요인을 극대화하고 고질적인 문제점들을 꾸준히 개선해 나간다면 인도의 철강산업은 향후 지속적인 성장을 이룰 것으로 예상된다.[37]

03

글로벌 무대로 발돋움하는 인도경제

7세기 이후 인도는 아라비아와 중국의 길목에 위치한 지리적 이점을 이용해 바닷길로 생강·후추·심황 등 향신료와 보석류를 수출하며 영화를 누렸다. 그러나 독립 이후 자급자족 경제체제를 추구하면서 세계시장에서 그 모습을 감추었다. 인도는 최근 IT·철강·섬유 등과 같은 경쟁력 우위의 상품을 수출함으로써 과거의 영화를 재현하고자 최선의 노력을 경주하고 있다.

그러나 2003년 인도의 무역은 수입 853억 달러와 수출 606억 달러로, 수출에 비해 수입이 상대적으로 높아 무역수지 적자규모가 2003년 247억 달러에 달하는 등 고질적인 무역적자 기조가 계속 진행되고 있다.[38] 인도는 과거 보호주의의 철폐와 무역 다변화 정책을 통해 무역역조 현상을 극복하고 현대판 무굴제국의 영화를 되찾고자 애쓰고 있다.

| 바닷길 |

페르시아 만의 호르무즈 섬에서 출발해 인도를 경유, 중국에 이르는 무역 루트를 '바닷길(The Silk Voyage)'이라고 한다. 7세기 이후 이슬람 국가들이 성장·발전하면서 사막길로 교역하는 것이 여의치 않음에도 불구 교역량이 계속해서 늘어나자 기존 비단길의 대체 루트로 '바닷길'이 활성화되기 시작했다. 바닷길 경로를 살펴보면 인도가 동·서 교류의 연계점에 위치했음을 알 수 있다. 인도는 지금도 유럽·아시아·북미를 잇는 세계 주요 항로의 연계점에 자리하고 있어 세계적인 해운선사들의 진출이 활발하다.

보호와 개방의 경계에서 세계로 향하는 인도

인도는 전통적으로 수입제한에 무역정책의 초점을 두었으나 1991년 개방정책 이후 수출진흥책 도입과 수입허가제 철폐, 수입 수량제한 해제, 수입관세 인하 등의 통상 진흥책에 초점을 맞추어 수출증대를 독려하고 있다.

자국산 제품의 수출을 위해서는 일정 수준의 시장개방이 불가피하다는 인식의 전환 때문이었다. 이러한 기본방향은 인도정부가 2004년 8월에 발표한 '국가대외무역정책 5개년 계획(National Foreign Trade Policy : NFTP)'에서 다시 한번 확인됐다.

대외지향적인 인도의 움직임은 1995년 WTO 가입 이후 세계 각국과의 통상관련 협정을 활발히 추진하면서 더욱 빨라지고 있다. 이미 태국과의 FTA가 2004년 8월 출범했으며 미국, 싱가포르, 한국, 칠레, 동남아국가연합(ASEAN),[39] 남미공동시장(메르코수르),[40] 걸프협력회의(GCC)[41] 등과 무역협정이 진행 중이다. 또한 2004년 1월 남아시아 지역협력연합(South Asian Association for Regional Cooperation : SAARC) 회원국들[42]과 남아시아 자유무역지대(SAFTA) 창설에 합의해 2016년까지 역내 자유무역지대를 실현키로 했다.

이미 인구가 14억에 달하는 SAARC는 그 규모와 더불어 인도와 파키스탄의 관계 개선[43] 또한 기대할 수 있어, 이를 토대로 SAFTA가 창설될 경우 인도는 지역평화와 남아시아의 맹주로서 그 위상을 공고히 할 수 있을 전망이다.

안정적인 대외무역 구조와 친디아 정책

2003년 현재 인도의 제1무역 상대국은 미국으로서 전체 무역액의 12%를 차지하고 있다. 그 다음을 영국(5%), 중국(5%), 독일(5%)이 잇고 있다. 대륙별로 살펴보면 유럽과의 무역액이 51%로 가장 큰 비중을 차지하며 그 다음으로는 미국을 중심으로 한 북미 지역(29%), 아시아(7%), 그리고 최근에는 중남미 국가들(5%)과도 활발한 교역이 이루어지고 있다.

인도의 무역대상국이 특정 국가에 편중되지 않고 고루 분포한다는 것은 그만큼 안정적인 무역구조를 갖고 있다는 사실을 의미한다.

특히 중국과의 교역규모가 급성장하고 있어 각별한 관심을 받고

인도 · 중국 간 교역액 추이

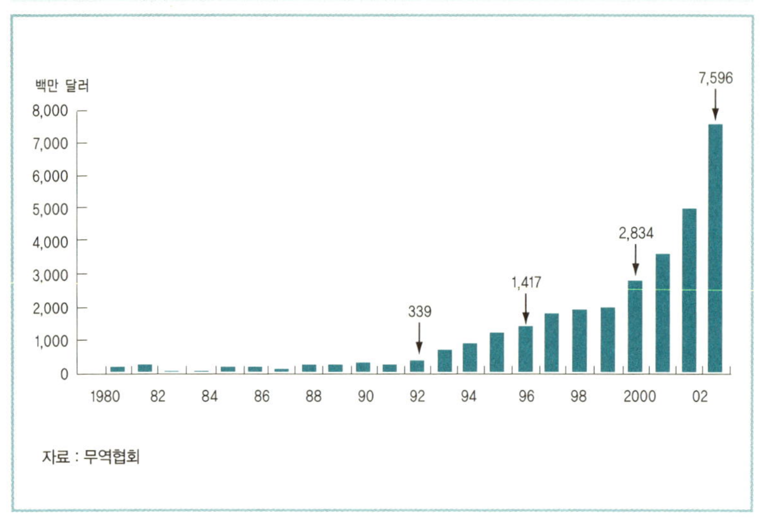
백만 달러
8,000
7,000
6,000
5,000
4,000
3,000
2,000
1,000
0
7,596
2,834
1,417
339
1980
82
84
86
88
90
92
94
96
98
2000
02
자료 : 무역협회

인도의 대륙별 무역 비중

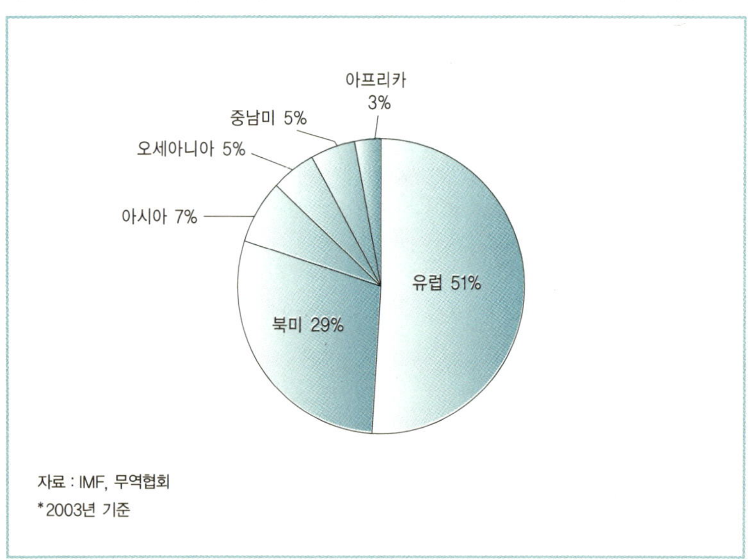
아프리카
3%
중남미 5%
오세아니아 5%
아시아 7%
유럽 51%
북미 29%
자료 : IMF, 무역협회
*2003년 기준

| 중국·인도의 국경 분쟁과 갈등, 그리고 친디아 |

1962년 인도와 중국은 짧지만 치열한 영토전쟁을 치렀다. 영국의 인도 통치기간까지 거슬러 올라가는 영토를 둘러싼 인도·중국 간 갈등은 티벳 독립운동, 소련·중국 간 냉전, 중국 대약진운동 실패 등 역사적·지정학적 요인들이 복합적으로 작용한 결과였다. 약 한 달 간 지속된 중국·인도의 무력충돌은 중국의 완승으로 끝났다.

영토분쟁 후 양국은 정치적·외교적 신경전을 벌이며 불편한 관계가 지속되었다. 영토분쟁 이후 인도는 중국과 소원한 소련(현 러시아)과 긴밀한 관계를 유지하고 티벳 독립운동의 상징인 달라이 라마에게 은신처를 제공했다. 반면 중국은 인도의 최대 적국인 파키스탄에게 핵무기 개발까지 지원하는 등 군사적인 지원을 계속했다.

냉랭했던 양국 관계는 1980년대 말부터 서서히 개선되기 시작하더니 최근에는 두 나라의 총리가 정상회담을 갖는 등 급속도로 가까워지고 있다. 양국은 1989년 국경회담을 시작으로 1993년 국경평화협정 체결, 1995년 양측 국경병력철수 합의로 화해 무드를 조성하더니, 1996년에 장쩌민 국가주석이 인도를 방문한 이후 2002년 주룽지 총리의 인도 방문과 2003년 인도 아탈 배하리 바지파예 총리의 중국 답방, 그리고 2005년 4월 중국 원자바오 총리의 인도 방문 등 정상급 지도자들의 상호 방문을 잇달아 추진하고 있다. 물론 양국의 긴장완화 노력은 경제발전을 위해 국경 안정이 필수적이라는 공감대에서 비롯한다.

있다. 실제로 인도·중국의 교역규모는 1993년 국경평화협정 체결 후 1993~2003년까지 7억 달러에서 76억 달러로 10배 이상 증가했다. 연평균 30%씩 증가한 셈이다.

비록 인도의 교역액이 15% 이상 급성장하고 있다는 사실을 고려하더라도 30%를 웃도는 대 중국 교역증가율은 놀라운 수치가 아닐 수 없다. 외부에서는 이러한 중국과 인도의 움직임을 '친디아(Chindia)'라고 표현한다.

04
인도경제의 숨은 그림자

인도는 1991년 경제개혁을 통해 그 동안 굳게 닫혀 있던 문의 빗장을 풀었다. 그리고 아주 조심스럽게 세계에 그 모습을 보이기 시작했다. 그 후 많은 변화가 있었다. 국민소득은 올라갔고 세계는 인도의 잠재력을 높이 평가하기 시작했다. 그리고 지금 이 순간에도 변화는 진행되고 있다.

어쩌면 그것은 선택이 아니라 대세이자, 시대적 요구일지도 모른다. 하지만 경제개혁 이후 15년을 맞이한 오늘날, 인도는 깊은 고민과 결단의 순간을 맞고 있다. 성장과 분배, 개방의 속도와 폭, 그 어느 것 하나 쉬운 해답을 찾기 힘든 문제들이다.

총선 이후 정책의 방향성, 빈부의 격차, 열악한 기반시설, 비생산적인 시스템, 보호지향적인 대외개방…. 인도는 아직 풀어야 할 경제문제가 산적해 있는 것이다.

흔들리는 경제정책

2004년 4월 인도 총선에서 집권세력인 민족민주연합(NDA)이 패하고 국민의회연합이 승리하면서 공산주의 계열을 포함한 20여 개 정당으로 구성된 신집권연합(United Progressive Alliance : UPA)이 구성됐다. 신정부의 성격상 기존 경제정책에 큰 변화를 가져올 것이라는 우려와는 달리, 신정부는 지난 1991년 이후 인도의 경제개혁 프로그램을 설계한 만모한 싱을 총리로 지명하고 총선 승리 한 달 만에 공동경제계획(Common Minimum Program : CMP)을 발표하며 시장의 동요를 최소화했다.

하지만 만성적인 재정적자 축소와 빈곤층에 대한 다양한 지원정책은 상충될 수밖에 없다. 해외자본의 관심 사항인 민영화부문도 수익을 내는 국영기업을 대상에서 제외함으로써 국영기업 민영화를 통한 정부재원을 확보하겠다는 전략도 수정이 불가피한 상태다.[44]

그 동안 신정부가 경제발전에서 소외된 계층에 부를 나누어주고 국가산업의 보호를 위해 외국인의 대 인도투자에 일정한 제한을 가하는 것 자체에 문제가 있는 것은 아니다. 그것은 정책 이념의 문제일 뿐, 새로운 정책들이 인도에 약이 될지, 독이 될지는 아무도 모른다.

우려되는 점은 경제정책의 일관성이 흔들릴 수 있다는 것이다. 정책의 일관성이 흔들리면 시장의 불확실성이 커지고, 이는 시장의 예측가능성을 떨어뜨려 시장 참여자의 소비심리나 투자심리의 위축으로 이어질 것이 분명하기 때문이다. 국민의회연합이 과반수 의석을 확보하지 못함으로써 공산계열을 포함한 20여 개 군소정당과 연합한 사실도 정책방향을 예측하기 힘들게 하는 또 다른 요소다. 적절한 의견수렴이 불가능해진다면 이는 곧 정책혼선으로 이어져 시장의 불확실성과 시장 참여자의 불안심리는 더욱 커질 것이다.

세계 중하위권 수준의 열악한 기반시설

인도의 IT 소프트웨어는 훌륭하지만 도로·항만 등과 같은 하드웨어 측면은 열악한 수준이다. 세계경제포럼에 따르면, 인프라 수준이 총 104개 조사대상 국가 중 63위에 그쳤으며, 이는 기업활동의 가장 큰 장애요소로 꼽히기도 했다. 특히 전력부문 87위, 100명당 주 전화선 보급수준 82위, 항만 및 수운 부문 65위 등은 하위권으로 분류되고 있다.

먼저 도로를 살펴보자. 인도의 도로는 총 연장이 338만km로 세계에서 세번째로 긴 도로망을 갖추고 있다. 하지만 4차선 도로는 2~3%에 불과하고 그나마 40% 정도는 기상조건에 따라 운행이 통제되기도 한다. 설상가상으로 자동차는 1998년 300만 대에서 2004년 600만 대로 두 배 이상 증가해 인도의 도로망을 압박하고 있다. 시내 도로에서는 코끼리, 소, 말 등 네 발 달린 동물들이 자동차와 섞여 활보하기도 한다.[45]

인도의 항만은 낮은 생산성을 나타내고 있는데, 총 항만비용은 방

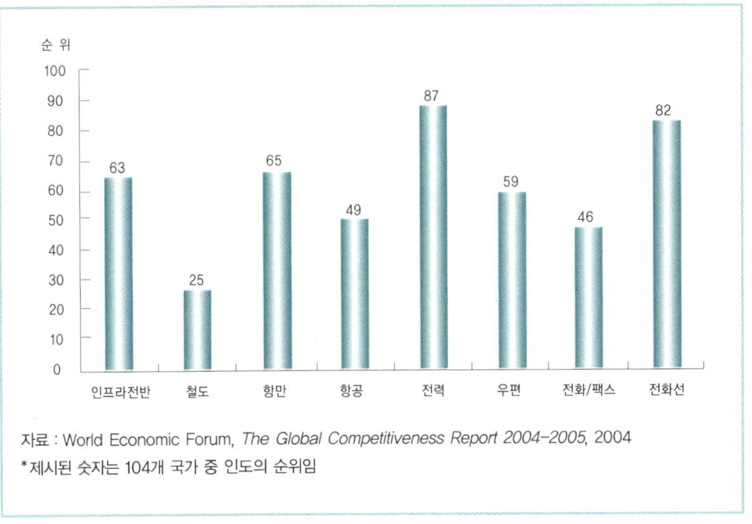

자료 : World Economic Forum, *The Global Competitiveness Report 2004–2005*, 2004
*제시된 숫자는 104개 국가 중 인도의 순위임

콕·싱가포르·콜롬보 항 등 인근 경쟁 항만보다 높다. 인도 주재 한국대사관의 조사내용에 따르면, 총수입가격(CIF 기준)에서 해운비용이 차지하는 비중은 세계 평균이 5.24%인 데 반해 인도는 10.3%에 이른다. 이는 개발도상국 평균인 8.04%와 비교해도 높은 수준이다. 또한 낮은 수심, 에이프런(apron), 창고 및 화물통관시설의 낙후된 서비스, 항만과 배후 수송망의 미비도 문제점으로 지적된다.[46]

IT 분야에서도 소프트웨어 부문의 발달과는 대조적으로 인프라 부문은 열악한 것으로 평가되고 있다. 하드웨어와 주변기기 및 네트워크 부문은 인도 IT 시장의 19.2% 점유율에 그치고 있는 반면, 소프트웨어 부문은 80%를 웃돌 정도다. 그만큼 하드웨어 부문이 활성화되지 못했다는 이야기다. 실제로 국제통신협회(International Telecom-

구 분	브라질	러시아	인도	중국
전화회선	22.3	26.4	4.6	20.9
이동전화	26.4	25.1	2.5	21.4
인터넷	10.2	5.9	1.7	6.3

자료 : ITU(2004) ; EIU(2004. 7. 9) ; 정보통신정책연구원(2004. 9)

munication Union : ITU) 발표에 따르면 2003년 유선통신 서비스 보급률은 4.6%, 무선통신 서비스 보급률은 2.5%, 인터넷 보급률은 1.7%에 불과한 것으로 나타났다. 이는 다른 BRICs 국가들과 비교할 때 매우 낮은 수준이다.

인도의 전력소비량은 2001년 기준 4,792억kW로 세계 7위 수준이다. 하지만 1인당 전력소비량은 508Wh로 세계에서 최하위권이다. 인도 전력부(Ministry of Power)에 따르면, 2000~01회계년도의 전력 부족분은 7.8%였으며 수요 절정기에는 13%라고 한다. 전력이 부족하다 보니 전기가 공급되지 못하는 농촌지역이 많다. 예고 없이 전기가 나가는 경우도 종종 발생한다. 설상가상으로 전압과 주파수가 불안정해 제품 고장의 원인이 되기도 한다.

송·배전시 전력손실률이 높은 것도 문제다. 2001~02회계년도의 지역별 인도의 송·배전시 전력손실률은 19~45%에 달한다.[47] 우리나라가 5% 미만인 것과 비교하면 매우 높은 수준이다.[48] 그 동안 발전부문에 치우친 투자로 송·배전 시설이 낙후됐고 용량 또한 부족하기 때문이다.[49]

인도는 이러한 전력난을 해결하기 위해 2012년까지 10만MW 확보를 골자로 하는 플랜X와 플랜XI를 추진 중이다. 하지만 소요금액만도 1,200억~1,600억 달러가 추산된다. 이는 인도의 1년 예산과 맞먹는 금액이다.[50] 이를 위해서 재정지출을 늘이자니 재정적자 폭이 확대되고, 국채를 발행하자니 금리상승으로 경기가 가라앉을 수 있다. 경기둔화는 세입에 영향을 주어 국가 재정여건의 악화로 이어지는 위험요인을 내포하고 있다. 결국 인도정부는 외국자본을 유치 중이지만 전력사정의 개선에 대한 불확실성이 외국인들의 투자를 망설이게 하고 있다.[51]

물류 및 전력, 통신 인프라는 인도경제의 기초에 해당하는 부분이다. 기초 없는 성장은 곧 한계를 드러내게 마련이다. 이것이 우수한 인적 자원과 소프트웨어를 가지고 있는 인도의 고민거리다.

심각한 빈부격차

인도는 빈부격차가 심하다. 가난한 사람들이 너무 많다. 경제개혁 과정에서 인도경제는 많은 발전을 이루었지만 부익부 빈익빈 현상은 여전한 것으로 나타나고 있다. 이러한 현상은 지난 2004년 총선에서 그대로 반영됐다. 경제개발에서 소외됐다고 생각하는 농민층을 비롯한 중·하위 소득계층이 집권당에 등을 돌리고 부의 재분배를 강조한 국민의회연합을 지지했던 것이다.

인도의 극빈층은 얼마나 될까? 인도의 소득계층을 파악하기란 쉽지 않다. 인도 국민들이 소득신고를 제대로 하지 않기 때문이다. 하지만 인도의 국가응용경제연구위원회(National Council of Economic Applied Research : NCEAR)에서는 소득수준에 따라 계층을 5가지로 나누고 있다.

이에 따르면 인도는 연간 소득 1,000달러(100만 원) 이하인 인구가 전체의 84%인 8억 4,000만 명에 이른다. IMF에서 2004년 인도의 1인당 GDP를 603달러, 구매력 기준 소득을 2,800달러로 각각 추산한 것을 고려한다면, 중·하위 소득계층으로 분류되는 1,000달러선은 인도에서 4,500달러의 구매력을 가지고 있다고 봐도 무방할 것이다.

한편 연소득 2,000달러 이상, 구매력으로 환산했을 때 인도에서 1만 달러 이상의 구매력을 가진 인구는 전체의 2%인 2,000만 명에 불과하다. 이들은 우리나라에서 이른바 명품이라 불리는 고가 외제상품

인도 인구의 소득분포

구 분	연간 소득			인구	비율
	루피	달러	만 원		
고소득층(H)	96,000 이상	2,133 이상	240	2,000만 명	2%
상위소득층(UM)	62,000~96,000	1,378~2,133	155~240	4,000만 명	4%
중소득층(M)	45,000~62,000	1,000~1,378	113~155	1억 명	10%
하위중소득층(LM)	22,500~45,000	500~1,000	56~113	2억 5,000만 명	25%
저소득층(L)	22,500 미만	500 미만	56 미만	5억 9,000만 명	59%

자료 : National Council of Economic Applied Research, *INDIA MARKET DEMOGRAPHICS REPORT 2002*, 2003. 5[52]

*1달러=45루피, 1루피=25원 기준

들의 주요 고객이라고 한다. 벤츠와 다임러크라이슬러 등의 고급 외제차가 연간 1,500대씩 팔린다는 것은 이들 상위계층의 소득 수준을 간접적으로 보여준다.[53]

부의 편차는 작을수록 좋다. 중산층이 탄탄해야 소비여력을 확보할 수 있고, 값비싼 수입품보다는 저렴한 국내산 제품의 수요가 증가해 국내 산업의 기반이 튼튼해지기 때문이다. 또한 사회계층 간의 위화감 및 갈등이 완화되어 국력을 하나로 모을 수 있는 여건이 자연스럽게 조성될 수 있다. 물론 부의 편차가 클수록, 일부 계층이 부를 독식할수록 이와는 반대되는 상황이 나타난다.

인도는 아직 부의 편중현상이 심각한 사회문제로 떠오르고 있지는 않는 듯하다. 그 이유는 전통적으로 내려오는 신분제도와 종교적 민

| 비하르 주 인도 빈곤 엿보기 |

비하르 주는 네팔과 국경을 맞대고 인도 북동부에 위치하고 있으며 남한 크기의 면적에 인구는 8,500만 명에 이른다. 불교의 시조 석가모니, 자이나교의 창시자 마하비르, 시크교 10대이자 마지막 구루인 고빈드 싱의 고향으로 유명하다.

하지만 비하르 주는 인도에서 가장 빈곤하며 극빈, 문맹, 열악한 기반시설과 보건수준 등 현재 인도의 고민이 집약되어 있다는 오명으로도 유명하다. 부락의 75% 이상이 초등교육시설과, 보건시설, 그리고 전기시설의 혜택에서 외면당하고 있으며 8,500만 명의 인구 중 50%에 가까운 3,600만 명 정도가 빈곤층으로 분류된다. 인도 인구 중 빈곤선을 넘지 못하는 인구가 26%인 것도 결코 낮은 수치가 아닌데, 이보다 거의 두 배 가까운 빈곤율을 기록하고 있다는 사실은 비하르 주의 빈곤 문제가 어느 정도 심각한 것인지 짐작하게 한다.

음 때문일 것이다. 하지만 인도 또한 자본주의 시장원리를 본격적으로 도입한 지 이미 10년이 넘었다. 소외계층에 대한 배려 없이는 정권의 유지가 힘들다는 교훈도 2004년 총선에서 확인됐다.

성장인가, 아니면 분배인가? 인도의 빈부격차는 사회문제 이전에 10년 이상 지속된 경제정책의 방향부터 흔들고 있다. 싱 총리의 고민이 여기에 있는 것이다.

외국자본 유치, 갈 길은 멀다[54]

대부분의 개발도상국에서 나타나는 형식적 관료주의나 복잡한 행정절차 등의 문제가 인도에서도 예외는 아니다. 세계경제포럼에 따르면, 인도에서 기업활동을 가로막는 요인으로 비효율적인 관료주의가 두번째로 꼽혔다.[55] 행정적인 비효율성은 관료집단에게만 있는 것은 아니다. 인도 기업의 행정처리시 소요시간은 OECD의 3배, 중국의 1.5배로 조사되기도 했다.[56]

인도는 1991년 경제개혁 이후 각종 규제를 꾸준히 철폐 · 완화해 왔다. 하지만 투자 매력을 떨어뜨리는 인도만의 독특한 모습은 여기저기 산재해 있다. 그것은 기본적으로 자국의 산업 보호를 우선시하는 인도정부의 성향에서 비롯된다. 최근 단행된 수입관세 인하 등의 개방화 조치도 사실은 자국 내 제조업에 필요한 재료나 부품에 집중되는 등 자국 산업의 보호를 위한 수단으로 이용하고 있다.

| 형식적 관료주의 (Red Tape) |

형식적 관료주의는 보통 '레드 테이프(red tape)'이라고도 한다. 규정과 무관하게 불신 받는 정부를 뜻하기도 했으나, 대체적으로 업무를 늦게 처리하도록 만드는 경직된 절차와 규칙을 의미한다.

이 말은 17세기 영국에서 비롯되었다. 그 당시 영국의 관청에서는 공문서를 '붉은 끈 (red tape)'으로 묶어서 보관했다. 그러다 보니, 일을 처리하려고 할 때 끈부터 풀어야 되고, 내용물이 안보이니까 어떤 묶음 속에 원하는 문서가 들어있는지 몰라 찾는 데 시간이 많이 걸렸다. 그래서 '관공서' 하면 붉은 끈이 생각나고, 또 '붉은 끈' 하면 관리들이 늑장을 부리며 일을 처리하는 모습이 자연스레 연상되기에 이르렀다. 이 말이 우리가 지금 알고 있는 뜻으로 쓰이게 된 것은 19세기부터였다고 한다.

물론 모든 국가가 자국 산업의 보호를 최우선으로 생각한다. 그리고 그러한 입장을 최대한 반영하기 위해 노력한다. 문제는 그러한 노력이 진정으로 자국 산업을 보호하고 경제에 도움이 되는지, 아니면 오히려 해가 되는지 정확히 파악하기가 힘들다는 데에 있다.

하지만 다음과 같은 규제들은 인도의 산업과 경제발전의 발목을 잡고 있는 것으로 지적되고 있다.

먼저 소규모보호법(Small scale Reservation Law)을 살펴보자. 이 법은 인도시장에 생산량의 절반 이상을 파는 외국회사는 고정자산에 20만 달러 이상 투자할 수 없다는 규정을 담고 있다. 이는 영세한 자국 기업을 보호하기 위한 목적이 가장 크다. 하지만 규모의 경제가 불가능한 이러한 영세적인 산업구조로는 세계 경쟁에서 살아남을 수 없다.

가장 좋은 예가 인도의 의류산업이다. 인도는 견직물로 유명하다. 데칸고원에서 재배되는 풍부한 목화 때문이다. 또한 임금도 저렴하다. 하지만 이러한 좋은 조건을 갖고도 세계 의류시장에서 중국에 밀리고 있다. 아니, 중국은 인도를 경쟁자로 생각하지 않을지도 모른다. 대규모 공장에서 일관된 공정을 거쳐 나오는 중국의 저렴한 의류와 영세성을 면치 못하는 인도의 의류산업은 일단 가격에서 차이가 난다. 그 결과 중국 의류의 세계시장 점유율이 20%인 반면, 인도는 2%에 불과하다.

인도의 땅값이 비싸다면 믿겠는가? 인도 토지의 90%는 소유가 불분명하다고 한다. 그 결과 공장을 짓고 사업을 하려 해도 소유 관계가 '깨끗한' 토지를 구하기가 힘들다. 따라서 소유가 분명한 토지에 대해서는 경쟁자들이 몰린다. 당연히 땅값은 올라갈 수밖에 없다.

아시아 여러 도시의 1인당 GDP당 지가(land costs)를 계산해 본 결과, 인도의 뉴델리를 100으로 삼았을 때 방콕(태국) 7, 도쿄(일본) 9, 싱가포르 12, 서울 13, 타이베이(대만) 22로서 모두 뉴델리보다 훨씬 낮았다. 뉴델리보다 높은 도시는 같은 인도의 뭄바이로 115를 기록했다. 물론 인도의 1인당 GDP가 낮은 것을 고려하더라도 이러한 결과는 인도의 경쟁력에 결코 도움이 되지 못한다.

땅에 대한 재미있는 제도를 하나 더 살펴보자.

바로 도시지역 토지상한법(Urban Land Ceiling Act)이 그것이다. 내용인즉 대부분의 도시지역에서는 땅의 소유를 500m^2 미만으로 제한한다는 것이다. 면적이 제한되다 보니 대규모 공장이나 유통센터, 대형 할인매장 등의 건립은 불가능하다. 공장은 도시 외곽으로 보내면 된다고 하자, 그러나 이 경우 인도의 도로나 전력, 통신망 등 인프라는 도시에서 멀어질수록 열악해진다는 점을 감수해야 한다.

유통센터나 대규모 할인매장은 구매력을 갖춘 인구가 밀집된 도시 지역에 있을수록 상인이나 이용자 모두에게 좋다. 하지만 토지상한법에 의하면 이러한 유통·소매 시스템은 인도인에게 '남의 나라' 이야기일 뿐이다.

마지막으로 노동고용에 대한 규제도 만만치 않다. 인도의 노동법에는 인도에 투자한 종업원 100명 이상의 외국인 업체가 철수하고자 할 때 중앙정부나 주정부의 허가는 물론 노동조합과의 사전합의를 거치도록 규정하고 있다. 이런 노동법은 분명 외국 기업으로 하여금 대 인도에 대한 투자를 다시 한번 생각하게 할 것이다. 자국 노동자의 실업을 막는 것은 인도정부가 당연히 힘써야 할 부분이지만, 이러한 조항 탓에 외국 기업이 인도 진출을 고사함으로써 소멸되는 인도인들의 잠재적 일자리는 누가 책임질 것인가?

05

인도의 유망산업과 진출 전략

IT 산업의 성장은 가능한가

10억 인구가 살아 숨쉬는 거대 인도가 IT 소프트웨어의 세계 공작소가 된 것은 이미 잘 알려진 사실이지만, 거대한 국토 면적[57]을 하나의 시스템으로 연결시키는 체계를 찾기란 그리 쉬운 일이 아니다.

이처럼 광대한 인도 지역을 유선망을 통해 하나의 네트워크로 연결한다는 것은, 인도 경제성장사에 토대할 때 거의 불가능에 가까운 것으로 인식되어 왔다. 하지만 이러한 인도에 휴대전화 붐이 일면서 인도를 하나로 묶는 네트워크화가 단지 이상(理想)이 아니라는 사실이 증명되고 있다.

가트너(Gartner)의 조사에 따르면, 인도의 휴대전화 가입자 수는 지속적으로 증가해 2004년 말에는 5,600만 명(전년 대비 96% 증가)에 이를

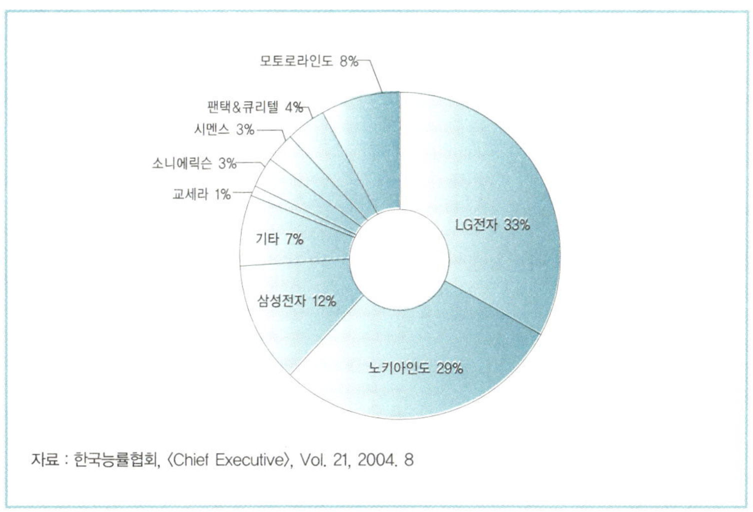

것으로 보고 있다. 이러한 휴대전화 시장의 급성장에 힘입어 한국 기업의 성장세 또한 두드러지고 있다.[58]

한편 21세기를 상징하는 인터넷 또한 인터넷 카페를 중심으로 인도 내에 급속히 확산되고 있다. 인도의 인터넷 카페 수는 2003년 4월 기준으로 5만 개 정도가 영업 중이며, 한 연구조사 기관에 따르면 2004년 3월 말에는 10만 개 정도에 육박할 것으로 전망하고 있다.[59]

이처럼 하드웨어 시장 확대 가능성을 점칠 수 있는 요인들이 현재인도에서는 우후죽순처럼 생겨나고 있다. 휴대전화의 경우 노키아가 하이데라바드 지역에 R&D 기지를 구축했으며, 뭄바이에도 구축 중이다. 모토로라 또한 인도에 R&D 기지국을 구축하는 등 제품의 현지화 노력에 경주하고 있어 인도의 IT 하드웨어 시장의 성장 가능성을 점칠 수 있다.

IT 하드웨어 시장을 선점하라

그러나 인도는 신분격차, 소득격차, 디지털 격차가 매우 심한 나라다. 따라서 이들 문제를 어떻게 해결하는가가 인도뿐 아니라 인도에 진출하려는 한국 IT 기업의 관심사일 것이다.

광대한 지역에, 더군다나 이 지역을 하나의 네트워크로 묶을 수 있는 수단이 인터넷이 아닌 휴대전화라는 점은 IT 하드웨어 부문의 산업 진출이 과연 타당한지에 대한 의아심을 자아내게 한다.

하지만 현대자동차가 이미 10년 전에 인도에 진출해 현지 기업으로서의 입지를 구축한 바 있고, 또 인도의 수출 전진기지화에도 성공하고 있다는 점은 한국 기업에 새로운 기회요인을 제공한다.

IT 하드웨어 부문의 육성은 인도정부의 숙원 사업이다. 대부분의 한국 기업은 세계 수준에 근접하거나 그 이상의 기술 수준을 보유하고 있으므로 인도정부가 환영할 만한 요소들을 두루 갖췄다. 단, IT 하드웨어를 비롯한 인프라의 정비가 제대로 갖춰져 있지 않은 점은 진출 기업이 인프라 구축에서 소프트웨어 활용을 위한 체제까지 전부 구축해야 한다는 부담이 있다.

그러나 인도의 뛰어난 소프트웨어 생산기반(기술과 인적 자원을 포함한)은 인도에 진출하는 한국 기업에게 새로운 기회 요인임에 틀림없다. 즉 한국 기업의 뛰어난 하드웨어 기술과 인도의 소프트웨어의 결합은 새로운 비즈니스 모델을 구축할 수 있는 기회인 것이다.

이를 위해서는 정부의 정부개발원조(Official Development Assitance:

ODA) 등을 활용한 컨소시엄 체제를 구축하는 것도 진출 리스크를 상당히 줄여준다. 이는 한국에 대한 이미지 제고로 이어져 IT 하드웨어 시장에 접근성이 그만큼 높아지기 때문이다. 즉 IT 하드웨어 부문의 기술력과 노하우를 인도시장 공략의 수단으로 활용하고, 인도의 디지털 격차를 줄이고 한국에 대한 선호도를 높이며, IT 인프라를 비롯한 하드웨어 부문의 선(先)진출 전략을 구사함으로써 선발자의 이익을 획득할 수 있는 전략 구상이 필요하다.

바이오테크 산업의 새로운 강자, 인도

IT 산업 강국 인도가 세계 바이오테크(BT) 시장의 새로운 강자로 부상할 전망이다. 인도에 진출해 있는 미국의 임상실험 회사 퀸털리스 트랜스내셔널(Quintiles Transnational Corp)은 전세계 신약개발 연구비가 10년 안에 550억 달러로 늘어날 것이며, 2010년까지 인도가 50억~100억 달러를 차지할 것으로 전망했다.

인도가 전세계 바이오테크 산업(2003년 300억 달러)에서 차지하는 비중은 2% 미만이지만, 5년 후 10%까지 성장이 가능하다는 얘기다. 인도의 바이오테크 산업은 정부의 적극적 육성정책, 다국적 기업의 투자확대 등에 따라 더욱 증가할 것으로 전망된다.

인도는 영어 구사능력이 우수한 과학 기술자가 미국 다음으로 가장 많아 신약 생산과 같은 바이오 산업 생산비용이 다른 나라에 비해 상대적으로 저렴하다. 이는 인도 기업은 물론 외국 진출 업체들에게 큰 이점이 되고 있다.

더욱이 인도는 세계 최고 수준의 IT 산업 역량을 바탕으로 신약 개발에 필요한 방대한 양의 데이터를 처리할 능력도 갖추고 있으며 정부의 적극적인 지원을 통해 바이오테크 산업 발전의 토대를 다져왔다.

최근 전세계적으로 연구가 활발히 진행 중인 줄기세포 연구분야에서도 국립생명과학센터(National Centre for Biological Sciences), 릴라이언스 그룹(Reliance group) 등이 적극적으로 참여하고 있다.

바이오 산업의 기회와 위협요인

켄들 인터내셔널(Kendle International Inc)에 따르면, 현재 전세계 임상실험의 10%가 남미, 아시아, 중부유럽에서 실시되고 있는데, 2008년까지 그 비중이 25%로 높아질 전망이다. 바이오 산업, 특히 신약 개발에서 임상실험 여건은 제품의 질, 개발기간 등의 측면에서 절대적인 요소로 작용한다. 인도의 임상실험 여건이 지속적으로 개선될 것이라는 점은 외국 기업들에도 신약 개발에 있어 큰 기회요인으로 작용할 것이다.

또한 앞에서도 설명했듯이 풍부한 고급 기술인력과 연구기관 간 네트워크, 풍부한 생물 다양성,[60] 제약·종자 등 관련산업 발달, 제반 질병을 가진 환자를 치료하는 임상실험 및 조사연구의 풍부성 등은 바이오 산업을 영위하는 기업들이 인도를 신약 개발기지로 선택하는 데 중요한 요소로 작용한다.

반면 인도가 세계 자본주의로 편입된 시기가 최근이기 때문에 바이오테크 관련 개발 제품의 상품화 여건이 미흡한 이유가 인도 진출 바이오 기업들에게 잠재적인 위협요인으로 작용한다. 최근 인도정부가 WTO 특허관련 조약에 가입했지만 인도 기업들이 특허 관련 규정을 준수하지 않은 채 외국 기업들의 제품을 모방하는 사례도 많은 것으로 나타나고 있다.

바이오 산업 진출 전략

산업자원부에 따르면, 중국은 바이오 기술을 응용해 최근까지 15종의 신약을 개발했지만, 한국은 8종에 그치고 있다. 인도에서도 연간 매출 1조 원이 넘는 바이오 기업이 등장하고 있는 반면, 국내 바이오 1위 기업인 LG생명과학의 2004년 매출액은 1,739억 원에 불과했다. 바이오 산업의 후발주자였던 중국과 인도가 이미 한국을 앞지르고 있는 상황이다.

최근 한국은 차세대 성장동력 확보를 중점과제로 인식하고 10개의 신(新)성장동력 산업을 선정했다. 바이오 산업도 그 중 하나다. 그러나 한국 내 바이오 산업 육성여건이 열악해 신성장동력 확보를 위해서는 전략적 선택이 필요한 시점인데, 그 대안으로 인도 진출을 적극 권장할 수 있다.

세계 유수의 제약 기업들은 이미 인도에 연구소를 설립하고, 인도 현지 제약 업체들과의 연계를 강화하고 있다. 한국은 LG생명과학만이 뉴델리에 판매법인을 두고 있는 실정이다.

따라서 한국 기업들은, 인도의 바이오 산업 연구 인프라를 적극 활용할 수 있도록 인도에 연구소를 설립하고 인도 기업들과의 전략적 제휴를 서둘러 추진할 필요가 있다. 특히 인도의 저렴한 연구 및 임상실험 비용을 최대한 활용할 수 있는 신약 개발, 세포조직 배양, 미생물활용 분야 진출이 바람직하다.

한편 인도의 방대한 내수시장 규모도 외국 기업들의 또 다른 진출요인으로 작용하고 있다. 인도의 바이오 관련제품 소비량은 1999년 17억 8,900만 달러에 달했으며, 2010년에는 이보다 1.5배 수준 성장해 42억 7,000만 달러 규모로 증가할 것으로 보인다.

다만 인도가 복잡한 유통 · 물류 구조, 낙후된 사회간접자본 등의 영향으로 외국계 기업들이 내수 영업을 본격화하지는 못하고 있는 점을 감안할 때, 한국 바이오 기업들도 인도 내수시장 진출에 대해 신중한 자세로 접근하는 것이 바람직하다. 인도정부가 최근 적극 추진하고 있는 유통 · 물류 제도 개선, 인프라 구축 등의 진전 상황을 지속적으로 점검해 대응할 필요가 있다.

꿈의 자동차시장, 수출 전진기지로 활용하라

75년이나 되는 긴 역사를 자랑하는 인도의 자동차산업, 그러나 폐쇄적인 산업정책으로 역사만큼이나 큰 발전을 이루지 못했다는 점은 앞서 인도의 자동차산업을 엿보면서 알 수 있었다. 하지만 각종 규제의 완화 및 철폐와 외국자본 진출 장려 정책으로 현재는 10여 개가 넘는 세계 유수의 자동차 메이커들이 인도 현지투자를 통해 시장 공략에 나서고 있다. 10억이 넘는 인구와 아직 걸음마 단계에 있는 자동차 보급률이 인도 자동차 시장의 가장 큰 매력으로 분석되고 있기 때문이다.

인도는 자동차시장의 잠재력뿐 아니라, 대 중동 수출의 전초기지로도 그 전략적 가치가 높은 것으로 평가받고 있다. 중동의 오일머니를 인도의 유리한 입지조건을 활용해 흡수하는 것 역시 인도 진출의 큰 장점이 될 수 있기 때문이다. 이 외에도 많은 개발도상국들이 그러하듯이 풍부한 저임금 노동자는 물론이고, 영어를 공용어로 사용한다는 점, 풍부한 기술 및 인력이 존재한다는 점 등은 인도를 꿈의 자동차시장으로 변화시킬 수 있는 매력적인 요소들이다.

자동차산업 발전의 키워드, 인프라

인도는 10억이 넘는 인구를 갖고 있지만 자동차 보급률은 승용차와 트럭, 버스 등을 다 합쳐도 1% 수준에 불과하다. 하지만 최근 인도는 1991년 경제개혁 이래 안정적인 성장을 바탕으로 1991~2003년까지 내수판매량이 3배 증가해 승용차 64만 대를 포함, 연간 100만 대 시장으로 성장했다.

인도는 제10차 5개년 경제개발 계획기간(2002~07년) 동안 인프라 시장 개방과 동 분야의 민간자본 및 외국인 투자유치를 적극적으로 추진하고 있으며, 세계은행, 아시아개발은행 등 국제 금융기관으로부터 90억 달러의 재정지원을 약속받은 상황이다. 이러한 장밋빛 계획 가운데는 도로부문의 인프라 개발계획이 포함되어 있는데, 바지파이(Vajpayee) 총리의 1998년 10월 고속도로 건설계획(주요 산업 및 무역거점 연결을 위한 사업) 발표가 바로 그것이다. 이 사업은 델리, 콜카타, 첸나이, 뭄바이 등 4개 도시를 연결하는 '황금의 4각 고속도로(Golden Quadrilateral : GQ)'로서 총 전장 5,846km, 소요 경비 56억 달러를 들여 2005년 완공을 눈앞에 두고 있다. 이를 통해 인도의 도로 인프라는 비약적으로 개선될 전망이다.[61]

따라서 지금껏 해외 유명 자동차 생산업체들이 앞다투어 인도투자를 확충한 이유가 인도의 거대한 시장잠재력 때문이었다면, 앞으로는 도로 인프라의 개선을 바탕으로 한 물류와 인적 이동의 확대에 따라 자동차 수요는 폭발적으로 증가할 것이다.

앞에서 지적한 바와 같이 인도시장은 현재 10개가 넘는 세계 유수의 자동차 기업의 각축장이다. 이러한 상황 하에서 인도의 경제가 매년 5~6% 수준으로 고성장할 것이라 가정한다면, 자동차 수요 역시 매년 6~7% 수준으로 증가하더라도 인도 자동차시장은 과잉공급에 따른 과당경쟁을 유발할 수밖에 없는 상황이라고 진단할 수 있다.

현대자동차가 인도 진출에 성공했다는 평가를 받지만, 향후 더욱 치열해질 자동차시장을 미루어 짐작건대 인도시장 공략 및 성공전략

자료 : 주인도 한국대사관, 〈인도투자 및 플랜트 수출 안내서〉, 2003. 12

에도 수정을 가할 필요가 있다.

기업 및 상품의 현지화, 철저한 애프터서비스 등은 이미 자동차 업계의 보편적인 전략 아이템으로 볼 수 있다. 따라서 좀더 차별화된 전략을 구사할 필요가 있다. 비록 인도경제가 급성장하는 추세에 있지만, 빈부격차가 심해 시장이 매우 부분적이거나 계층분화가 명확한 지역에서는 계층 간의 수요 지향성이 다르다. 따라서 시장전략 또한 그에 걸맞게 달라져야 한다.

예를 들면, 인도 내 중고차시장을 활성화하는 한편 애프터서비스나 자동차 금융을 동시에 제공할 수 있는 비즈니스 네트워크를 구축함으로써 미래 고객의 자동차 수요를 관리하는 방안을 고려해 볼 수 있다. 또 중고차시장과 자동차 금융의 연계를 초기 중고차시장 진출에 따른 리스크를 완화할 수 있는 보완장치로 활용하는 동시에 나아가 중고 자동차시장의 성숙에 따른 수익원으로써 전략적 운용을 시도해 볼 만하다.

한편 인도정부의 자동차산업 정책 변화에 따라 안전 및 환경에 대해 배려할 필요성이 높아졌다는 사실은 자동차 회사뿐 아니라 자동차 부품업체들에게도 기회와 위협 요인을 동시에 부여하는 결과를 가져다 줄 것이다.

따라서 자동차 부품업체의 경우 유럽시장 공략의 전초기지로 이용할 수 있는 입지 여건 및 저렴한 임금을 바탕으로 하는 유리한 생산조건이 인도의 장점임에는 틀림없다. 그러나 연구개발 능력의 강화를 통한 기술 및 제품 개발에 기초한 제안형 비즈니스 모델 개발을 통해 경쟁력을 높일 필요가 있다.

대부분의 자동차 부품업체가 자동차 제조회사의 제안에 따라 부품을 개발하거나 개량하고 있다는 현실에 비추어 자동차 부품업체 간 개발 네트워크 형성을 통해 혁신제품을 개발하고, 개발된 부품을 자동차 제조회사에 제안하는 등의 새로운 비즈니스 모델을 창출할 필요가 있다.

이러한 노력들에 바탕한 공격적인 진출 전략을 구사한다면 인도의 자동차시장을 선도하고, 한 걸음 더 나아가 인도를 자동차 수출시장의 전진기지로 활용할 수 있을 것이다.

주(註) 해설

1   현재 서벵골 주 콜카타에서 태어났다. 벵골 명문의 대성(大聖)이라 불리는 아버지
     데벤드라나트의 15명 아들 중 열네번째 아들로, 형제들도 문학적 천분이 있었고,
     타고르가(家)는 벵골 문예부흥의 중심이었다. 이와 같은 분위기 속에서 11세경부
     터 시를 썼고, 16세 때 처녀시집 《들꽃》을 내어 벵골의 셸리라 불렸다. 인도 고유
     의 종교와 문학적 교양을 닦고, 1877년 영국에 유학해 법률을 공부하며 유럽 사
     상과 친숙하게 됐다. 귀국 후 벵골어로 작품을 발표하는 동시에 스스로 작품의 대
     부분을 영역했다. 특히 산문 · 희곡 · 평론 등에도 문재를 발휘해 인도의 각성을
     촉구했다.

2   독립 후 인도의 사회주의 경제정책은 마하트마 간디의 마을단위 자립자족 경제사
     상에서 비롯됐으며, 40년 간 인도경제 개발계획의 근간이 됐던 마할라노비 모델
     (The Maahalanobis Model)은 구소련 경제체제의 많은 부분을 답습했다.
     김찬완, 〈인도경제 자유화에서 정치적 요소〉, 《인도연구》 5권, 2000. 11

3   1947년 제1차 경제개발 5개년 계획이 시작된 이후 현재 제10차 경제개발 계획
     (2002~07년)이 진행 중이다.

4   연이은 농업부문의 제도개혁과 기술발전으로 한때 미국에 의존할 수밖에 없었던
     식량자원을 자급자족할 수 있었다.

5   인도는 미국 · 러시아 · 중국 다음으로 세계에서 네번째로 군비를 많이 지출하는
     나라다. 인도는 장기간 지속된 중국 · 파키스탄과의 영토분쟁, 그리고 남아시아의
     맹주 지위를 유지하기 위해 군비를 확장할 수밖에 없었다.

6   1991년 당시 11억 달러는 인도의 2주일 간 수입액에 불과한 액수였다. 김찬완,
     〈인도경제 자유화에서 정치적 요소〉, 《인도연구》 5권, 2000.11

7   백좌흠, 〈신경제정책하의 인도 농업문제〉, 《인도연구》 7권 2호, 2000.11

8   인디라 간디는 아버지 자와할랄 네루가 사망한 지 2년 후인 1966년 인도 수상에
     올라 루피화 평가절하를 단행하고 국내외 무역활동 규제를 완화하는 등 다소 개
     방적인 정책을 실시했다. 그 결과 GDP 증가와 무역활성화 및 외환보유고 증가
     등의 효과를 거두기도 했다.

9   국제통화기구(IMF) 6.4%, EIU(Economic Intelligence Unit) 6.5%, Global Insight

6.4% 등으로 예상함.

10 한국수출입은행, 〈BRICs 국가 현황 및 우리의 진출 방안〉, 특별조사자료, 2004. 1, 137~139쪽

11 A.T.Kearney, *FDI Confidence Survey*, 2004

12 각 부문별 외국인 지분확대는 다음과 같다. 통신부문 49%→74%, 보험부문 26% →49%, 항공부문 40%→49%.

13 1998년 12월에 발표된 외국인 투자에 관한 규정. 이 규정에 따르면 인도에 합작 회사 또는 기술이전 사례가 있는 외국인 투자기업이 합작회사 또는 기술협력계약을 신규로 추진할 경우 외국인투자진흥위원회(Foreign Investment Promotion Board : FIPB)의 승인을 받아야 하며, 외국인 투자기업이 인도에서 합작회사를 운영할 경우 합작 파트너로부터 신규 합작회사 또는 자회사 설립을 반대하지 않는다는 확약(No objection Certificate)을 받아야 한다. 수출입은행, 〈인도, 외국인직접투자 규제 완화조치 필요〉, 2004. 12

14 국민의회당이 주도하는 연정의 의석 수는 217석으로 과반 확보에는 실패했지만 선거 후 공산주의 계열 정당들이 지지를 확보해 집권하게 됐다.

15 수출입은행, 〈인도 – 신정부의 주요 경제정책과 과제〉, 《해외지역정보》, 52~54쪽

16 특히 그 동안 '푸대접을 받아왔다'는 인식이 팽배해 있던 농민들이 신정부인 국민의회연합에 표를 몰아주었기 때문에 신정부 경제정책은 농업분야에 큰 비중을 둘 것으로 보인다. 구체적 내용은 농촌의 고용창출, 농업부문에 대한 보조, 농촌지역의 인프라 개발 등 농촌지역 개발 등이다.

17 공기업 민영화 실적은 1991~2002년까지 목표치의 절반에도 미치지 못했지만 2003 회계년도 중에는 35억 달러를 기록해 사상 최초로 목표치를 초과했다. 이는 1991~2002년의 민영화 실적인 70억 달러의 절반에 해당하는 규모다.

18 최근 인도경제의 최대 현안 중 하나로 대두되어온 국영기업의 민영화에 대해서는 매우 제한적이고 선택적으로 이루어질 전망이다. 이는 공기업 민영화에 따른 실업 문제, 민영화에 반대하는 좌익 연합세력과의 마찰 소지를 사전에 차단하기 위해서 현 집권당의 개혁기조는 어느 정도 제약을 받을 수밖에 없기 때문이다. 특히 가스공사 등 공기업의 핵심을 이루는 부문에 대한 민영화 계획이 전혀 없음을 밝히고 있어 기존 정권의 민영화 계획은 상당 부분 후퇴할 것으로 보인다.

19 KOTRA, 홈페이지 http://www.kotra.or.kr/common/login.jsp

20 IT 산업은 컴퓨터 하드웨어 및 주변기기, 통신 및 네트워킹, 소프트웨어 및 서비스 개발 · 유지와 관련된 분야를 통칭함.

21 2003~04회계년도 기준.

22 수출입은행, 〈인도 IT시장 환경과 우리기업의 진출 전략〉, 《수은해외경제》, 78쪽, 2004. 8

23 Complete Knock-Down : 최종 조립만을 남겨놓은 완전 부품 상태로 수출하는 것을 말한다.

24 주인도 한국대사관, 〈인도투자진출 안내서〉, 28쪽, 2003. 6

25 2003년 기준.

26 인도의 휘발유 값은 1리터에 35루피 정도로 우리나라 돈으로 환산하면 750~800원 정도다. 1인당 국민소득이 연간 600달러인 것을 감안하면 우리나라와 비교해도 매우 높은 수준임을 알 수 있다.

27 카레의 원료.

28 홍대길, 《꿈틀대는 11억 인도의 경제》, 신구문화사, 52쪽, 2004. 6

29 홍대길, 《꿈틀대는 11억 인도의 경제》, 신구문화사, 52쪽, 2004. 6

30 김경학, 〈인도의 경제위기와 정치적 민주주의 발전〉, 2000. 11

31 김찬완, 〈인도경제 자유화에서 정치적 요소〉, 《인도연구》, 5권, 2000. 11

32 William W. Lewis, *The power of productivity ; wealth, poverty, and the threat to global stability*, The University Of Chicago Press, p. 200, 2004

33 선진국들에서 특정 국가로부터의 섬유류 수입이 갑자기 증가하거나 현저히 낮은 가격으로 수입될 경우 국내 업체에 미치는 피해를 방지하기 위해 개발도상국들의 섬유수출에 대해 쿼터제를 포함한 제한조치를 가할 수 있는 조항으로 WTO 섬유협정(ATC)에 따라 2004년 12월 31일에 종료됐다. 따라서 인도의 섬유산업은 중국·방글라데시·스리랑카·파키스탄 등과 더욱 치열한 경쟁을 펼쳐야 할 것으로 예상된다. 하지만 경쟁에서 우위를 점할 경우 이전보다 수출량을 확대할 수 있는 기회가 될 것이다. 수출입은행, 〈인도, 다자간 섬유협정 종료에 따른 대응책 부심〉, 2004. 11. 4

34 주인도 한국대사관, 〈인도투자 및 플랜트 수출 안내서〉, 110~112쪽, 2003. 12

35 교통개발연구원, 〈2003년 국가교통 DB 사업 중 해상교통조사부문 상세분석 연구〉, 2004. 2

36 William W. Lewis, *The power of productivity ; wealth, poverty, and the threat to global stability*, The University Of Chicago Press, p 221, 2004

37 주인도 한국대사관, 〈인도투자 및 플랜트 수출 안내서〉, 46쪽, 2003. 12

38 최근 무역적자의 지속은 전체 수입액 중에서 30%를 차지하고 있는 석유 및 석유

제품의 수입 급증이 주 원인이다.

39 ASEAN 회원국은 라오스 · 말레이시아 · 미얀마 · 브루나이 · 베트남 · 싱가포르 · 인도네시아 · 캄보디아 · 태국 · 필리핀 등이다.

40 메르코수르 회원국은 브라질 · 파라과이 · 우루과이 · 아르헨티나가 있다.

41 GCC의 회원국은 사우디아라비아 · 바레인 · 쿠웨이트 · 카타르 · 오만 · 아랍에미리트 등이다.

42 남아시아 지역협력연합 회원국으로는 인도 · 파키스탄 · 방글라데시 · 스리랑카 · 네팔 · 부탄 · 몰디브가 있다.

43 실제로 최근 인도와 파키스탄의 관계개선은 급속히 진전되고 있다. 그 결과 지난 2004년 9월 카슈미르 영토분쟁의 평화적 해결 및 경제교류 확대를 위해 양국 위무장관급 회담을 개최하고 13개 안에 대한 공동선언을 발표하기도 했다. 그 자리에서 인도와 파키스탄이 중동과 투르크메니스탄에서 파키스탄과 인도로 연결되는 공동 가스관 설치를 공동 추진하겠다고 선언하는 등 구체적인 협력방안까지 도출했다.

44 실제로 2005~06회계년도 예산안에서 재정적자가 GDP 대비 4.3%로 예상됨에 따라 2008~09회계년도까지 재정적자를 완전 해소하겠다는 신정부의 목표가 사실상 불가능한 것으로 평가된다.

45 홍대길, 《꿈틀대는 11억 인도의 경제》, 195~196쪽, 신구문화사, 2004. 6

46 미국 최대의 항만 터미널 운영업체인 SSA(Stevedoring Services of America)는 자회사인 ISPL(International Seaport Pricate., Ltd)의 지분을 매각했는데 가장 큰 원인은 인도 항만의 배후 인프라 부족이라는 견해가 지배적이다. ISPL은 캘커타 항의 HDC(Haldia Dock Complex) 개발, Kakinnada 심해항 개발, Dhamara 항 개발 등 인도의 총 3개 지역 항만개발에 참여하고 있다.

47 인도 전력부(Ministry of Power), http://powermin.nic.in

48 한국에너지경제연구원 통계정보시스템, www.keei.re.kr

49 이상적인 전력분야 투자형태는 발전 · 송전 · 배전의 투자비율이 50 : 25 : 25이나 인도는 송 · 배전을 합한 투자비율이 25~28%에 불과하다. 주인도 한국대사관, 〈인도 통상 · 투자 진출 안내서〉, 91쪽, 2004. 9

50 2005년 2월 28일 인도 재무장관 칫담바람(P. Chidambaram)이 의회에서 발표한 2004~05회계년도의 세출예산은 총 5조 1,434억 루피(1,201억 달러)다.

51 미국 엔론(Enron)이 주축이 된 마하라스트라 주 Dabhol Plant 중단 사례가 대표적인 인도 전력분야 실패사례다. 주정부는 서면계약에도 불구하고 계약된 전력요

금을 지불하지 않고 있다. 주인도 한국대사관, 〈인도 통상·투자 진출 안내서〉, 92쪽, 2004. 9

52 홍대길, 《꿈틀대는 11억 인도의 경제》, 신구문화사, 29쪽, 2004. 6

53 홍대길, 《꿈틀대는 11억 인도의 경제》, 신구문화사, 32쪽, 2004. 6

54 William W. Lewis, *The power of productivity ; wealth, poverty, and the threat to global stability*, The University Of Chicago Press pp, 197~225의 내용을 주로 정리했음.

55 World Economic Forum, *The Global Competitiveness Report 2004-2005*, 2004

56 주인도 한국대사관, 〈인도 통상·투자 진출 안내서〉, 2004. 9

57 인도의 국토면적은 한국(북한 포함)의 33배에 달한다.

58 한국능률협회, 〈Chief Executive〉, Vol. 21, 2004. 8

59 홍대길, 《꿈틀대는 11억 인도의 경제》, 신구문화사, 257쪽, 2004. 6

60 전세계 포유동물종의 7.6%, 조류종의 12.6%, 어종의 11.7%, 꽃식물종의 6%가 인도에 존재한다.

61 주인도 한국대사관(2003년 12월), 앞의 책

PART 4

2010년 세계경제의 미래

중국

13억 인구의 중국이 무서운 속도로 세계경제의 중심축으로 자리잡아가고 있다. 이미 중국은 세계 최대의 재화 공급국이자 자본재 수요처로 부각되면서 '공룡 경제'의 면모를 갖추고 있는 것으로 평가되고 있다. 이와 같은 중국의 성장은 과거 미국이 세계경제의 맹주로 자리잡는 과정과 매우 비슷하다. 새로운 경제대국의 탄생을 예고하고 있는 것이다.

한국의 경우 1980년대 두 자릿수 경제성장을 실현하며 '한강의 기적'을 이룩한 바 있지만, 중국의 부상은 차원이 다른 파급효과를 보여줄 것이다. 전세계 인구의 20% 이상이 중국인이며 구매력으로 평가한 GDP도 전세계 13%를 차지하고 있어, 향후 세계경제 질서 재편의 핵심동인이 될 것이기 때문이다.

세계경제의 중심축으로 우뚝 서다

독보적인 가격경쟁력으로 세계시장 침투

중국은 세계 어느 국가보다도 가장 값싸게 물건을 팔 수 있는 능력을 갖고 있으며 이를 대체할 만한 나라는 조만간 나타나기 어려운 실정이다. '메이드 인 차이나' 제품은 독보적인 가격경쟁력을 무기로 전 세계 소비자들의 가정에 빠른 속도로 자리를 잡아가고 있다.

실제로, 2003년 중국의 총교역량은 8,516억 달러로 1999년보다 두 배 이상 증가하는 급증세를 보였다.

중국의 교역 구조를 살펴보면 일본·미국과의 교역량 비중이 높게 나타난다. 그 이유는 일본 등 아시아 지역에서 제품 생산을 위한 기술 및 기계류 등을 수입해다가 만든 제품을 미국 등의 소비재 시장에 수출하기 때문이다. 그 결과 미국·유럽 등에서는 대 중국 무역역조 현

구 분	2000	2001	2002	2003
외국인 직접투자	407	468	527	535

자료 : KOTRA

상이 심각하게 부각되고 있기도 하다.

최근 이 문제를 해소하기 위해 미국 등이 통화절상 압력을 가하고 있지만 역부족인 듯 보인다. 중국산 제품이 미국 등의 소비재시장에서 차지하는 비중이 워낙 높고 이를 대체할 만한 제품 공급원이 마땅치 않기 때문이다.

한편 중국 제조업의 높은 경쟁력과 고도성장에 따른 높은 자본수익률은 전세계 자본을 끌어들이는 '페로몬' 역할을 하고 있다. 실제로 중국 외환보유고는 1999년 말 1,547억 달러에서 2003년 4,033억 달러로 1.6배 이상 증가했다. 외국인 직접투자 급증이 외환보유고 증가의 주요 원인으로 꼽히는데, 2003년에는 총 535억 달러를 유치해 세계 1위 외국인 직접투자 유치국으로 발돋움했다. 세계 500대 기업 대부분이 중국에 투자하고 있을 정도로 외국인 투자자들의 선호도가 높다.

중국의 경제성장세가 지난 25년 간 9%를 상회한 점과 향후에도 7~8%가량의 고도성장을 이어갈 것이라는 전망들이 나오면서 외국자본이 꾸준히 중국으로 몰려드는 것이다. 또한 세계경제가 놀라운 기술발전 등으로 공급초과 상태에 놓여 있어 수요처 확보에 목말라하고

있는 점을 고려할 때 중국으로 돈이 몰리는 현상은 당분간 지속될 것
으로 보인다.

성장 뒤의 그늘, 변화의 움직임

그 동안 중국은 정부 주도의 계획경제 하에서 1996~2000년 연평균
8.2%나 성장했으며, 2000년대 들어서도 8%를 상회하는 높은 성장세
를 이어가고 있다. 특히 2003년에는 세계경제 위축과 사스(SARS) 여파
에도 불구하고 수출 호조세와 고정자산 투자 증가에 힘입어 동아시아
외환위기 이후 9.1%의 가장 높은 경제성장을 실현했다. 다만 급격한
산업화 과정에 따른 경기과열에 대한 우려가 제기되고 있어 중국의
대응에 세계가 주목하고 있다.

최근 중국경제 성장을 주도하며 경기과열의 주범으로 꼽히는 고정
자산 투자부문에 중국정부가 주목하고 있다. 실제로 고정자산부문은
2003년 경제성장의 70%가량 담당한 것으로 분석된다. 중앙과 지방정
부의 중복 과잉투자, 막대한 외국자본 유입 등이 주요 원인으로 꼽힌
다. 이에 따라 중국정부는 지방정부에 이양됐던 토지개발권을 회수하
고 2004년 10월에는 10년 만에 처음으로 금리인상[1]을 단행하는 등 적
극적인 긴축 의지를 보이고 있다.

경기과열에 따른 부작용을 해소하기 위해 중국정부가 적극 나서고
있지만, 낙후된 금융 시스템 탓에 긴축정책의 효과는 의문이다. 특히

금리인상과 같은 금융정책은 달러화에 고정(peg)되어 있는 경직된 환율 시스템 하에서는 외국자본의 유입을 부추겨 경기과열 억제 효과가 훼손될 가능성이 있다. 이는 최근의 위안화 평가절상 관련 이슈들과 맞물려 중국 환율 시스템의 변화를 촉진할 것으로 예상된다.

중국의 환율 시스템은 1994년 1월 이후 달러화에 대한 변동환율제를 택하고 있으나, 1일 변동폭(0.3%) 제한과 중국정부의 강력한 외환시장 개입으로 사실상 고정환율제나 다름없다. 최근 들어 미국 경상수지 적자 개선 지연과 위안화의 실질가치 저평가 등으로 중국 외환 시스템에 대한 변화 압력이 가중되고 있다.

실제로 2004년 미국의 대 중국 무역적자는 803억 달러로서 2001~03년 평균 432억 달러에 비해 2배가량 증가해 미국 경상수지 적자(6,310억 달러)의 13%를 차지한다.

또한 중국 위안화의 실질가치 수준을 보여주는 실질실효환율의 경우도 달러화에 대해 유로화 22.7%, 엔화 3.9%, 원화 0.1% 평가절상된 반면 위안화는 오히려 10.9% 평가절하된 것으로 분석되고 있다

국민계정의 경제성장 기여율 (단위 : %, 전년 동기 대비)

구 분	2000	2001	2002	2003
소비	73.2	46.8	38.5	34.5
총투자	26.9	53.6	54.8	70.2
순수출	−0.1	−0.4	6.6	−4.7
합계	100	100	100	100

자료 : 국제금융센터

(2002~03년).[2]

이와 같은 대내외적인 환율 시스템 변화 압력에 중국정부는 조만간 결단을 내려야 할 시점을 맞이할 것이다. 다만 중국 환율 시스템 변화는 중국의 고질적인 금융불안과 맞물려 있어 점진적인 변화 경로를 채택할 가능성이 큰 것으로 판단된다. 금융부문이 엄청난 부실채권(Non-Performing Loan : NPL)을 떠안고 있으며, 외환시장의 변동성 증가가 자본의 급격한 이탈이나 빈번한 유출입 현상을 초래해 금융시장의 불안정성이 증대되는 부작용이 우려되기 때문이다. 최근에는 위안

중국 내 단기성 외화자금 유입 규모

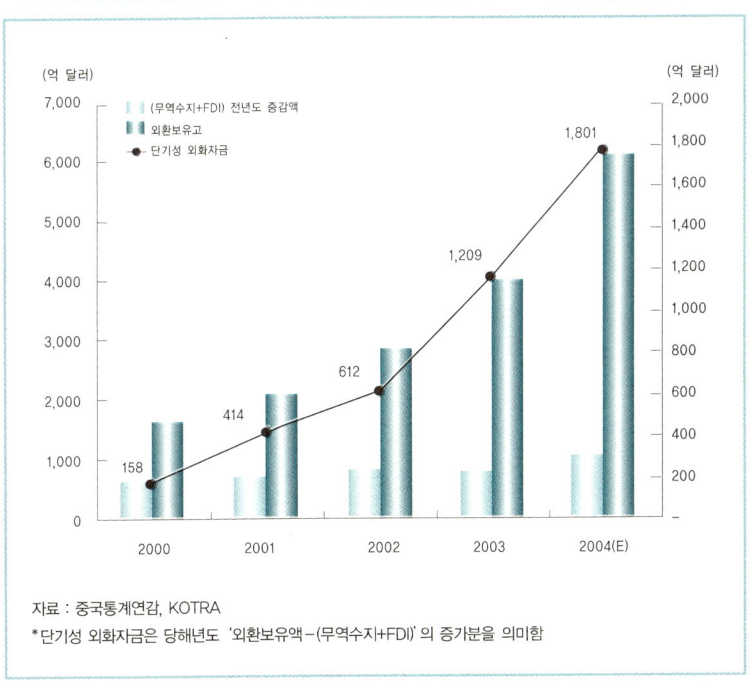

자료 : 중국통계연감, KOTRA
*단기성 외화자금은 당해년도 '외환보유액－(무역수지+FDI)'의 증가분을 의미함

화 평가절상을 노린 투기성 자본 유입도 크게 증가한 것으로 보여 중국 환율 시스템의 변화는 매우 점진적으로 이루어질 전망이다.

중국정부는 취약한 금융부문 개선을 지속 가능한 주요 과제로 인식하고 국유은행의 민영화와 같은 구조조정을 적극 추진 중이다. 중국 은행감독위원회의 발표에 따르면, 2003년 말 4대 국유은행의 자산 총액은 15조 위안(은행권 총자산의 55%)을 웃돌며, 중국 내 부실채권의 90% 이상을 보유한 것으로 나타나고 있다. 따라서 국유은행의 구조조정이 원활히 진행되어야만 중국 금융부문의 불안 요소가 해소될 수 있을 전망이다.

팍스 아메리카를 이을 '팍스 시니카'

향후 중국경제는 안정적으로 성장할 가능성이 높은 것으로 전망된다. 골드만삭스의 보고서 〈Dreaming with BRICs〉는, 중국이 2039년 미국을 제치고 세계 최대 경제대국으로 떠오를 것이라고 전망한 바 있다. '팍스 아메리카'를 이을 '팍스 시니카(pax sinica)'가 빠르게 다가오고 있는 것이다. 또한 세계적인 화교 자본과 연계할 경우 대중화(大中華) 경제권의 부상으로 세계경제 질서도 새롭게 재편될 것으로 예상된다.

이러한 예측의 근거는 지난 20년 간 경제성장을 위해 꾸준히 노력해 온 중국의 성장잠재력이 매우 높기 때문이다. 중국의 성장잠재력

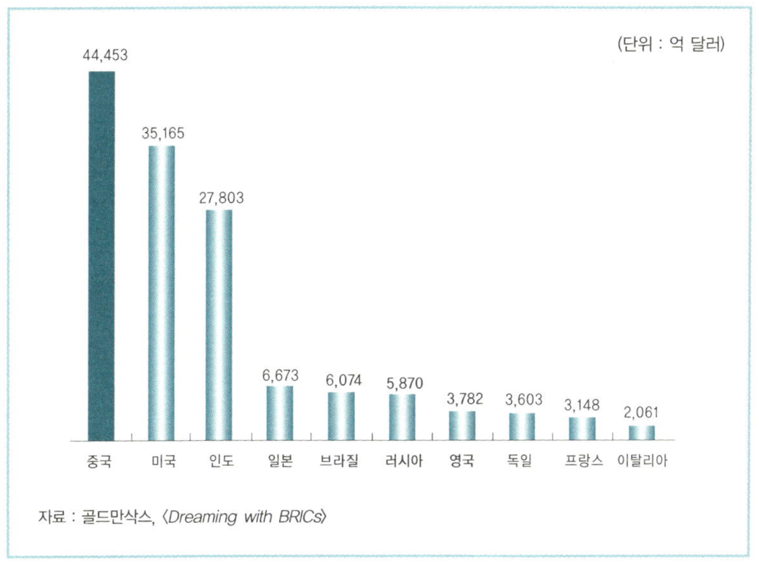

이 높게 평가되는 이유는 정부 주도의 경제정책이 최근 시장 경쟁체제로 전환 중이며, 외국인 직접투자에 따른 자본 및 기술이전, 그리고 선진경영 시스템 도입 등의 긍정적 효과가 가시화될 것으로 기대되기 때문이다.

중국정부는 2005년 경제정책 방향을 제시하면서 '개혁원년' 이라는 표현을 사용했다.

그 동안 누적되어온 사회·경제 시스템의 불안 요소를 착실히 해소하겠다는 의지의 반영으로 해석된다.

이러한 중국정부의 노력이 원활히 진행된다면 중국의 눈부신 성장은 앞으로도 지속될 것으로 보인다.

| 거대한 화상(華商) 자본, 그리고 콴시(關係) |

6,000만 명이 넘는 화교, 아시아 500대 기업 중 370여 개에 이르는 화교 기업, 중국 GDP의 세 배에 이르는 3조 5,000억 달러의 자본 보유…. 임오군란 이후 우리나라에 처음 발을 내딛었던 화상들은 점차 그 세를 잃어갔지만, 전세계적으로 화상의 규모는 이처럼 거대하다.

이들 자본이 동남아 경제를 실질적으로 지배하고 있다는 것은 삼척동자도 다 아는 사실이다. 이들은 지금 동남아를 넘어 돈을 들고 중국으로 쇄도하고 있다. 정확한 통계는 없지만 중국 외국인 투자 중 60~70%가 이들 화교 자본이라고 한다. 중국정부 또한 이들에게 각종 혜택을 제공하고 있다.

이들은 세계 130여 국가에 실핏줄 같은 네트워크를 구축해 놓고 있다. 계약보다는 서로의 말 한 마디를 믿는 풍토에서 그들의 네트워크와 결속력을 짐작할 수 있다. 민족적 동질감을 바탕으로 한 중국 화상들 간의 이러한 독특한 관계를 콴시(關係)라고 한다. 이는 그만큼 신용을 중시한다는 것이지만 대외적으로 폐쇄적이고 배타적인 특성을 말해 주는 것이기도 하다. 민족적 동질감을 바탕으로 하는 네트워크는 세계 어느 민족에서나 볼 수 있는 현상이지만 화교와 중국인들이 생각하는 콴시는 "내가 그대의 목숨까지 보장하겠소"라는 의미까지 담겨 있기 때문이다.

안정적인 성장, 끊임없는 변화의 모색

정부 주도에서 민간으로의 동력 이동

최근 중국정부는 초고속 경제성장의 여파로 경기가 과열 조짐을 보이
자 경제의 내실을 다지기 위해 긴축재정, 주요 산업의 민영화를 통한
산업구조 고도화, 부실채권 조기 처분을 통한 금융 시스템 안정화를
추진하고 있다.

제10기 중국 전국인민대표대회 3차회의가 2005년 3월 5일 베이징
인민대회당에서 개최됐다. 이 회의에서 장쩌민 전 주석은 국가중앙군
사위원회 주석직을 후진타오에게 공식 인계했다. 후진타오 주석은 취
임 이후 '안정적 성장'을 향후 경제정책 방향으로 제시했다. 이번 전
인대에서도 원자바오 총리가 2005년 경제성장 목표를 8%로 설정하
고 공정 분배를 통한 조화로운 사회건설에 주력할 것임을 시사했다.

또한 900만 개 일자리 창출과 소비자 물가상승 억제 등도 중점 추진하기로 했다.

중국정부가 대내외적으로 제시한 중국의 향후 주요 경제정책 방향은 크게 5가지로 요약할 수 있다.

첫째, 그 동안의 확대재정정책을 정부투자 억제 등의 긴축재정으로 전환해 경기과열로 파생되는 부작용을 해소하고 안정적인 성장을 이루는 것을 목표로 정책을 추진하기로 했다.

둘째, 산업부문에서는 기존의 국영기업 위주의 성장정책에서 벗어나 민영기업의 경쟁력 제고와 외국기업과의 적극적인 전략적 제휴 등을 통해 산업구조 고도화를 추진하기로 했다.

셋째, 안정적 성장 토대 마련 및 개방화에 가장 큰 걸림돌로 작용할 것으로 예상되는 금융부문은 그 동안의 확장 위주 대출정책으로 누적된 부실채권을 조기에 처리해 금융 시스템의 안정화를 도모하도록 했다.

넷째, 개방화와 관련된 통상부문에서 WTO 양허안에 따라 단계적으로 관세율을 낮추고, 국내 산업 보호 차원의 수출보조금 및 수입 쿼터제를 폐지해야 하며, 외국 기업의 중국시장 진출의 걸림돌로 작용하는 소유지분 규제 등의 완화 조치를 천명했다.

다섯째, 성장 중심의 경제발전으로 빈부격차, 지역 간 소득격차 등이 확대되면서 사회안정이 저해된 측면이 있어 민본주의에 바탕한 조화로운 사회건설을 추진하겠다는 계획이다. 중앙정부 집중 완화를 위해 재정 권한 일부를 지방정부에 이양함으로써 과도한 집중 현상을

| 소황제(小皇帝)와 흑아(黑兒) |

중국은 1976년부터 '1가구 1자녀' 라는 산아제한 정책을 실시해 왔다. 인구증가를 막기 위한 정책이었음은 두말할 필요도 없다.

20년이 지난 지금 이 때 태어난 이른바 독자(獨子)들은 이른바 소황제라고 불리며 중국의 경제성장을 한껏 누리고 있다. 대도시에서 태어난 18~30세 중반가량의 청·장년층으로 구성된 이들은 문화대혁명과 같은 정치·사회적 격랑을 경험하지도 않았으며 톈안먼(天安門) 사태 또한 기억이 가물가물한 유년 시절의 일이라 이념보다는 자본에 익숙한 세대다. 이들은 높은 소비성향과 개인주의로 무장하고 있어 중국 소비의 새로운 주역으로 떠오르고 있다. 더욱이 가정 내에서 끔찍한 보호를 받으면서 성장해 '펜더 현상(어미가 새끼를 끔찍이 아끼는 펜더에 비유한 표현)' 이라는 신조어까지 탄생했다.

반면 개발의 바람이 미치지 못한 농촌 지역은 아직까지 농업 등 1차산업에 대한 의존도가 커서 1가구 1자녀로는 필요한 노동력을 확보하기 힘들다. 따라서 농촌에는 산아제한이 지켜지지 않는 것이 보통이며, 이를 어길 경우 높은 벌금 등 각종 불이익을 받기 때문에 둘째아이부터는 출생신고를 하지 않는 것이 일반적이다. 중국에서는 이러한 이유로 출생신고도 하지 못한 아이들을 검은 아이, 즉 흑아라고 한다. 우리 말로 해석하면 '어둠의 자식들' 정도다. 이들은 1차산업에 필요한 노동력을 제공하는 중요한 존재이나 출생신고를 하지 않았기 때문에 법적으로는 세상에 존재하지 않는 사람들이다. 따라서 각종 복지혜택에서 소외되는 것은 당연하다. 비공식적인 통계지만 중국에서는 이러한 인구가 거의 2억 명에 이른다고 한다. 흑아를 고려할 경우 중국의 인구는 13억 명이 아니라 15억 명인 셈이다.

소황제와 흑아, 이들은 급격히 변하고 있는 중국 사회의 극단을 보여주고 있다.

해소하고 급속한 산업화 과정에서 소외된 농촌지역 발전을 위해 삼농, 즉 농촌·농민·농업 정책을 강화하도록 했다.

이를 종합해 보면 중국의 경제체제는 정부 주도에서 민간으로 경제성장 동력이 변화될 것이며, 안정적 성장 기틀을 마련하기 위해 그동안 성장에서 소외됐던 부문에 대한 배려가 강화될 것으로 보인다.

계속해서 진화하는 중국

중국은 엄청난 내수시장 규모를 바탕으로 세계 각국 기업의 투자 및 경제협력 선호도가 높아 대외협력에서도 주도적인 위치에 서 있다. 특히 세계적인 지역화 추세에 따라 상대적으로 부진을 면치 못한 아시아 지역 경제협력이 중국의 경제성장으로 활성화될 전망이다.

이와 관련해 동아시아 경제공동체 논의가 진행 중이다. 동아시아 지역의 경제통합은 20억 인구를 보유한 세계 최대 단일시장의 출현을 의미한다. 이러한 경제통합 과정을 중국이 주도적으로 이끌어나간다면, 세계경제의 주도권을 확보하는 날도 그리 멀지 않아 보인다.

또한 '세계의 공장'으로 불릴 정도로 원자재 수요가 급증함에 따라, 브라질·아르헨티나 등 중남미 지역을 중심으로 한 에너지 확보 외교 정책도 적극 추진하고 있다. 자본 투자와 원자재 수입을 연계한 다양한 경제협력 방식도 추진 중이다. 즉 자원 보유국에 자본투자를 하고 원자재 수입을 보장받는 형식의 경제협력을 통해 세계적인 에너지 확보 경쟁에서 유리한 위치를 선점해 나가고 있는 것이다.

중국은 변화하고 있다. 덩샤오핑 이후 놀라운 경제성장을 이룩한 중국이 이제 후진타오에게 18세기 이후 서구 세력에게 빼앗긴 세계

| 백묘-흑묘론에서 청묘론까지 |

"흰 고양이든 검은 고양이든 쥐만 잘 잡으면 좋은 고양이다(不管白猫黑猫, 能抓到老鼠就是好猫)." 묘론(描論)으로 잘 알려진 덩샤오핑의 철학에서 우리는 현재 중국이 추구하는 실용주의를 이해할 수 있다. 하지만 최근에는 백묘(白描), 흑묘(黑描)도 아닌 청묘(靑描)론이 등장해 눈길을 끈다. 여기서 '청'이란 푸르다는 의미로 친환경(親環境)을 의미한다. 중국이 드디어 환경에 눈을 뜨기 시작한 것이다.

사실 중국은 그 동안 중화학공업 위주의 제조업이 성장을 주도해 왔다. 그리고 경제성장에 도움이 된다면 환경은 그리 문제되지 않았다. 그 결과 환경파괴 및 각종 공해가 심화되었다. 매년 봄 우리나라로 날아오는 황사에 각종 중금속 먼지들이 잔뜩 포함되어 있는 것만 보더라도 중국 공해의 심각성을 짐작할 수 있다.

현재 중국 내 청묘론의 반향은 그리 크지 않다. 아직 먹고 사는 일이 더 급한 중국에서 환경 운운 하는 것은 시기상조일 수도 있다. 하지만 묘론도 개방의 필요성을 이해하기까지 20년이라는 세월이 흐르고서야 중국을 대표하는 키워드가 되었다. 중국인들이 그 동안 잊고 있었던 환경의 중요성을 깨닫는 순간 청묘 또한 중국경제의 미래를 말해 주는 새로운 패러다임이 될 것이다.

중심국가로서의 위상을 되찾아오라고 요구하고 있다. 이미 상당 부분 현실화되어 있는 것도 사실이다. 이제 남은 것은 어떻게 용의 눈동자를 찍을 것인가에 달려 있다. 잠재되어 있는 중국 내부의 불안요인이 슬기롭게 해결될 경우 중국은 힘찬 용의 승천을 경험하게 될 것이다.

03

확대되는 비즈니스 리스크

무엇이 불안요소인가

세계의 공장이라 불릴 만큼 급성장하고 있는 중국경제의 이면에는 고용, 삼농 문제, 금융, 빈부격차 등 중국정부가 풀어야 할 10대 과제가 언제든지 위기를 일으킬 태세로 도사리고 있다.

이 가운데 중국 비즈니스와 관련 깊은 위험요인으로서 주요하게 해결해야 할 문제점으로는 WTO 가입에 따른 중국 금융시장 변화와 그 결과로 불거진 부실채권 문제, 대만 독립 문제, 정치의 민주화 요구에 따른 국내 통치 위기 발생 가능성 등을 들 수 있다.

또한 에너지 확보 문제는 중국이 풀어야 할 10대 과제에는 포함되지 않지만 중국의 경제성장 과정에서 반드시 해결해야 할 숙제라고

중국이 풀어야 할 10대 과제

구 분	문제점	내 용
1	고용	– 중장기 실업 상태의 인력 증가 – 인력 중심 성장정책 필요
2	삼농문제	– 과도한 농촌 잉여인력, 도시와의 경제격차 심각, 탈농촌 현상의 심화
3	금융	– 자본시장과 금융 시스템의 후진성, 불량채권, 감시관리능력 결여
4	빈부격차	– 극심한 빈부격차에 따른 사회 안정성 위협
5	환경	– 열악한 개인 건강 수준, 수질·대기·토양오염, 수자원 고갈 등은 국민 생활 및 경제성장에 위협 요인
6	대만문제	– 대만 국민 정서와의 정합성
7	글로벌화	– WTO 가입에 따른 경제 및 사회발전 구조의 영향
8	국내 통치 위기	– 정부의 법적 권위 추락과 부패문제, 공산당과 일반 대중과의 정서 불일치
9	기업·개인·정부 간 상호 신뢰 부족	– 시장경제 질서 회복을 위한 제도정비 및 신뢰관계 회복을 위한 정부 관료의 부패 일소
10	에이즈(AIDS)	– 적절한 대책이 없을 경우 HIV 감염자는 3,000만 명에 이를 것으로 판단, 사스 문제 또한 심각함

자료 : 國家發展改革委員會, 第11次五ケ年計畫策定作業で行った有識者アンケート,〈專門家予測中國が2010年までに直面する十大危機〉;《人民網日本語版》, 2004년 8월 31일 ;〈도요게이자이 신문(東洋經濟新聞)〉, 2005년 1월 22일 및 각종 자료 참조

할 수 있다.

중국이 WTO에 가입한 것은 2001년으로 가입 당시의 공약에 따르면, 2006년에 위안화 취급업무에 관한 규제를 철폐하도록 되어 있다. WTO에 대한 공약에 따라 금융시장이 개방될 경우 중국 금융기관의 고객과 인재, 자금 등의 외자계 금융기관에의 유출로 인해 부실채권 문제가 악화되어 중국 금융시장의 위기가 도래할 가능성이 있다.

부실채권의 증가

중국 4대 국유 상업은행의 부실채권 규모는 지속적으로 감소세를 보이고는 있으나 여전히 전체 대출의 13%를 상회하는 수준이고, 2004년 1분기 말 시점 이후 부실채권 규모가 서서히 증가하고 있다.

중국 부실채권의 증가는 첫째, 수익성을 고려하지 않는 국유 대기업에 대한 정책 금융성 편중 대출로 여신이 부실화됐고 둘째, 1990년대 초반에 급증한 부동산 대출이 1993년 이후의 부동산가격 하락 여파로 상당 부분 부실화됐으며 셋째, 효율성 제고를 위해 방대한 조직에 대한 구조조정이 단행되고 있으나 여전히 선진 은행에 비해 규모의 생산성·수익성 등이 매우 낮은 수준에 있기 때문이다.[3]

중국의 부실채권이 문제가 되는 것은 중국 경기가 연착륙에 실패할 경우 성장률의 급락과 동시에 아시아 또는 세계 전체에 위기를 불러올 수 있다는 점이다. 물론 이에 맞서 중국정부는 공적자금 투입, 부실채권 처리를 통한 자금 회수, 금융시장의 감시·감독 강화 등을 실시하고 있지만, 그 효과는 미미한 형편이다.

중국 주요 상업은행 부실채권 현황(2004년)

구 분	1분기	2분기	3분기	4분기
부실채권 잔액(억 위안)	20,776	16,631	16,998	17,176
부실채권 비율(%)	16.61	13.32	13.37	13.21

자료 : China Banking Regulatory Commission
*데이터는 분기 말 시점 기준임

뜨거운 감자, 대만 독립

2008년에는 베이징 올림픽을 개최할 중국과 총통선거를 치를 대만 사이에 긴장감이 고조될 것으로 판단된다. 눈부신 경제성장과 더불어 북핵문제 등 세계 정치·외교 무대에서도 막대한 영향력을 행사하고자 하는 중국으로서는 대만의 독립문제와 관련해서 무력행사도 염두에 두고 있는 것으로 보인다. 이로 인한 중국과 대만의 정치적 긴장관계 고조는 중국 비즈니스의 또 다른 위협요인으로 작용할 수 있다.

민주화 요구 증대

중국의 급속한 경제성장에 따라 가장 큰 혜택을 누리는 것은 바로 중국 자신일 것이다. 그러나 경제성장은 빈부격차, 지역 간 성장 불균형, 환경문제 등 다양한 내부 위협요인들을 낳는데, 그 가운데 가장 큰 위협요인은 바로 구성원들의 민주화에 대한 욕구 분출이라 할 수 있다.

경제성장은 경제의 자유화뿐 아니라 정치의 민주화를 요구하게 된다. 중국에서의 민주화 요구의 절정을 보여주었던 1989년 톈안먼(天安門) 사건[4]은 향후 중국 내에서 민주화 세력에 의한 정치 불안정 사태가 언제든 재발될 수 있다는 것을 의미한다.

한국·스페인·대만 등과 같이 과거 선(先)경제성장, 후(後)민주화

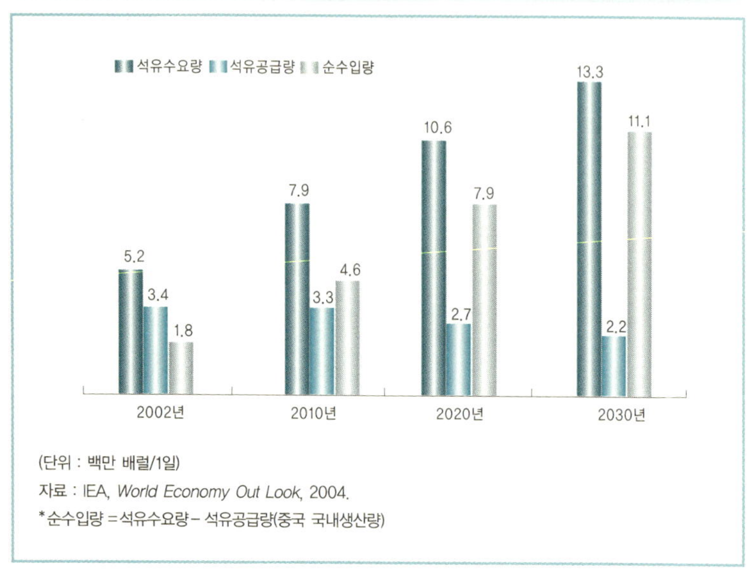

(단위 : 백만 배럴/1일)

자료 : IEA, *World Economy Out Look*, 2004.

*순수입량＝석유수요량－석유공급량(중국 국내생산량)

를 달성한 국가들은 대부분 1인당 GDP가 2,000달러를 넘어섰을 때, 민주화 욕구가 분출되기 시작했다. 중국도 2010년경에는 이 조건을 만족시킬 것으로 판단된다.[5] 따라서 2010년을 경계로 새로운 중국 리스크가 등장할 가능성이 있다.

에너지 문제 또한 중국 리스크 가운데 하나다. 현재 중국은 세계 석유 수요의 7.0%를 차지하며, 석탄 소비는 13억 1,000만 톤으로 세계 최고의 석탄 소비국이다. 중국의 경제성장이 지속가능하다고 전제한다면 석유·석탄 수요량의 폭발적인 증가를 예상할 수 있다.

석유의 경우, 2002~30년까지 연평균 3.4%의 수요 증가 추세를 보일 전망이며, 2030년에는 세계 석유 수요량의 11.3%를 차지할 것으로 예상된다. 석탄 또한 2030년까지 연평균 2.2%의 성장률을 보일 것으로 전망된다.[6] 중국은 산유국이긴 하나 급속한 경제성장과 그에 따른 에너지 수요의 급증으로 1990년대 초반에 이미 순수입국으로 전락했으며, 국내 석유 공급량 또한 감소세를 보이고 있다.

만일 세계경제를 견인하고 있는 중국이 향후 석유자원 확보에 어려움을 겪는다면 세계경제에 매우 부정적인 영향을 미칠 것이다. 또 중국이 석유에 대한 경제적 비용부담의 가중에서 벗어나고자 대규모 석탄 개발과 이용을 국가 에너지 전략으로 삼는다면 이는 환경 리스크라는 또 하나의 비즈니스 리스크를 발생시킨다. 따라서 중국의 에너지 문제는 중국 내에 진출해 있는 다국적 기업의 경영뿐 아니라 중국 내수경제 및 세계경제에 대한 리스크 요인으로도 작용할 수 있다.

임금 버블

앞에서 제시한 네 가지 리스크 요인에 대처하기 위해서는 장기적인 대안이 필요할 것이다. 하지만 임금 버블(bubble)이라는 새로운 리스크 요인의 등장은 중국 진출을 위한 기업전략에 새로운 문제점들을 제시하고 있다. '세계의 공장'이라는 표현대로 중국을 생산기지 또는 생산거점으로 위치를 부여하는 기업에게 임금 버블은 매우 심각한 위협요인으로 작용할 것임에 틀림없다.

〈니혼게이자이신문(日本經濟新聞)〉에 따르면, 중국 단순 노무직의

구분	단순 노무직	사무직 과장직
한국	22,396	37,311
대만	15,895	32,108
홍콩	13,704	41,725
싱가포르	12,314	35,105
말레이시아	3,876	17,578
태국	2,792	14,474
필리핀	2,749	9,230
인도네시아	2,129	8,088
중국	1,992	8,653
베트남	1,266	7,897

자료 : 〈니혼게이자이신문〉, 2005. 2. 28

경우 연평균 임금은 1,992달러지만 사무직 과장급인 경우 8,653달러에 달해 말레이시아·필리핀·태국 등에 비해 낮은 임금 수준을 보이고 있다. 그러나 이와 같은 임금 격차는 빠른 속도로 좁혀지는 추세다.[7] 또 상하이 및 인근 지역과 주요 도시지역 외자기업들의 생산직 임금이 월평균 1,200위안 수준이고 잔업수당을 포함할 경우 2,000위안 수준에 이르는 것으로 나타나[8], 생산비용 절감에 기초한 비교우위 획득이라는 측면에서의 중국 진출은 기업에게 심각한 경영손실을 야기할 수 있는 요인이 되고 있다.

다시 말하면 지금까지 중국의 임금 버블은 연안 지역을 중심으로 급속히 진행된 면이 부각됐으나, 최근에는 외자기업들의 중국 내륙 진출에 따른 진출지역의 임금상승이 결국 연안부의 임금상승 압력으로 작용하는 현상이 점차 뚜렷해지고 있다.

더욱이 이러한 직접적인 임금 버블에 따라 사회복지기금 등 기업이 부담해야 하는 간접부문의 비용 또한 급증하는 추세여서 기업의 부담은 그만큼 가중되고 있다.

한편 임금 버블 현상의 결과, 인재 획득이 어렵게 됐다는 점 또한 위협요인으로 작용한다. 즉 인재 부족에 의한 임금 버블은 중국 우수 인재들의 기업 간 이동을 촉진해 기업으로서는 임금교섭에 불리한 입장에 설 수밖에 없고, 고급 인재의 공급부족 하에서는 외자기업 간 인재획득 경쟁이 심화돼 임금상승 효과도 나타나게 된다. 따라서 새롭게 부각된 임금 버블과 인재 공급부족 현상은 현재 진출하고 있는 기업과 향후 진출할 기업들에게 큰 리스크 요인으로 작용할 것이다.

이미 전력공급난, 공업용수 부족, 금융 선물시장 부재로 인한 환·금리 리스크, 지적재산권 보호 미흡 등은 중국 진출기업에 상존하는 리스크 요인으로 작용해 왔다. 이와 더불어 앞서 소개한 네 가지 문제는 중국 진출기업뿐 아니라 세계경제 전체에 부정적인 영향을 미칠 수 있는 리스크 요인이다. 아울러 중국의 임금 버블 현상은 중국 진출기업에 매우 큰 리스크 요인으로 작용할 것이다.

04

중국의 유망산업과 진출 전략

사람이 많으면 팔 수 있는 물건도 많다. 앞으로 중국에 지금보다 더 많은 부의 축적이 이루어진다면 상품 구매력 또한 높게 나타날 것이다. 이런 요인들로 인해 중국에서 하면 무엇이든지 잘 될 것 같은 생각에 많은 기업이 중국으로 몰려갔다. 일부 성공한 사례도 있지만 실패한 사례도 매우 많다.

그럼에도 외국 기업들은 중국의 13억 인구에 매료돼 중국으로, 중국으로 새로운 '골드 러시'를 준비하고 있다. 그렇다면 어떤 부문에 진출하는 것이 유망할까? 거대 인구, 열악한 물류 여건, 취약한 사회보장기능 등으로 대변되는 중국시장의 특징을 고려해 볼 때 소비재시장, 물류시장, 그리고 보험시장의 진출이 유망할 것으로 보인다.

따라서 이 장에서는 이들 세 가지 분야에 대한 시장 현황과 진출 전략을 소개하도록 하겠다.

한류열풍에 따른 비즈니스 기회를 잡아라

중국은 현재 급속한 경제성장과 더불어 근로자의 임금 또한 빠르게 상승하고 있다. 따라서 중국 내 소비시장 또한 가파른 속도로 변화하고 있다.

중국사회과학원에 따르면 총자산액 100만 달러를 웃도는 부유층이 30만 명에 달하며, 이 가운데 1만 명은 총자산 1,000만 달러(약 100억 원) 이상의 대부호라고 한다.

한편 최근 중국에서는 새로운 중산층이 급속히 증가하고 있는데 총 13억 인구 가운데 도시 주민이 5억 8,000만 명, 이 가운데 상위 20%인 8,000만 명이 연수입 20만 위안(약 2,500만 원)을 넘어서는 수준에 이른다.

특히 이들의 소비 패턴을 살펴보면 경비 시스템이 갖추어진 고급 맨션에 거주하면서 슬림형 TV, DVD, 카메라 부착 휴대전화 등을 소비하고 있다. 반면 중국에서는 도시와 농촌 간에 3.2배 정도의 빈부격차가 존재하는데, 이는 세계적으로도 최악의 수준이다.[9] 따라서 중국 내 소비시장에서도 이 같은 빈부격차의 심화에 따른 양극화 현상이 일어나고 있다.

2005년 1월 〈파이낸셜 타임스(Financial Times)〉 보도에 따르면, 2004년 세계 럭셔리 제품 시장에서 차지하는 중국의 비중은 12%로 일본·미국·유럽 등에 이어 네번째로 큰 소비시장으로 떠올랐다. 이런 추세라면 2015년에는 일본을 능가하는 럭셔리 제품 소비국으로 등극

할 전망이다. 중국의 럭셔리 제품 구입 패턴을 보면 시계가 35%로 가장 많고, 가죽제품 25%, 의류 20%, 보석류 12%, 액세서리 8%의 순으로 나타났다.

이처럼 빈부격차 확대에 따른 소비시장의 분화현상은 중국 진출기업에게 비즈니스 전략상 새로운 과제를 던져주고 있는 것이다. 중국의 소비 패턴을 보여주는 단적인 예로 럭셔리 제품을 들었으나, 중국 정부가 정책적으로, 고부가가치 제품이 중국시장 내에 도입되는 것을 원한다는 사실에도 주목할 필요가 있다.

이는 중국 기업의 기술 진보가 빠르게 진행 중이고, 중국 기업들의 경쟁력이 급속히 상승하고 있기 때문에 중국정부가 더 이상 저급 기술에 기초한 투자나 저급 기술제품의 시장화를 원하고 있지 않기 때문이다.

실제로 미국의 제조업 경쟁력을 100으로 할 경우 우리나라는 이와 거의 동등하거나 조금 앞선 수준이지만 중국은 휴대전화 96.1, CDMA 단말기 96.7, TF-LCD 85 등으로 조금 뒤져 있다. 하지만 2010년이면 거의 대등한 수준에 오를 것으로 전망한다.[10]

따라서 여전히 일본 · 미국 · 유럽 등의 제품에 비해 한국 제품이 가격 경쟁력에서 우위에 있다고 하더라도 가까운 미래에 중국시장에서 중국 기업에 의해 퇴출당할 위협이 있다.

결국 역동적으로 변화하는 중국시장에 대한 철저한 조사와 분석이 필요한 것이다.

한류로 끓어오르는 중국 소비시장

한류(韓流)[11]란 최근 중국·일본을 비롯한 동아시아 지역에서 한국의 대중문화가 열광적인 인기를 끌고 있는 현상을 가리킨다. 그리고 그 진원지가 바로 아시아 문화의 원류라고 불리는 중국이다.

지금은 이러한 트렌드가 '한조(韓朝)', '한풍(韓風)'이라고도 불리고 있으며, 한국의 대중문화 및 연예인 마니아 집단인 '하한쭈(哈韓族)'까지 등장했다. 특히 중국에서의 한류열풍은 '한미(韓迷 : 한국 마니아'로 불리는 한국 팬들을 만들어내고 있다.

이러한 한류열풍의 배경으로는 동아시아에서의 문화교류에 대한 일본과 홍콩의 영향력이 크게 감소했다는 점을 꼽을 수 있다. 특히 한국의 문화 콘텐츠 속에는 일본과 중국에는 존재하지 않는 요소들이나 동북아시아 국가들의 국민들이 공통으로 이해할 수 있는 문화 요소들이 내재되어 있다는 점이 한류열풍의 저변에 깔려 있다. 또 동아시아 지역에서의 한류열풍은 한국이 동아시아 문화교류의 교량역할을 수행하도록 하는 자극제가 되었다고도 판단할 수 있다.

여기에 탄탄한 기획력과 마케팅 능력을 바탕으로 장기간 지속적인 투자를 할 수 있는 국내 엔터테인먼트사의 성장 등 한국의 대중문화 경쟁력이 상승했다는 점, 중국 등 한류열풍이 일고 있는 지역에서의 급속한 경제성장이 이들 국가에 소속된 국민들의 문화적 소비 욕구를 부채질하고 있으나 이를 충족해 줄 문화 콘텐츠가 부족한 점 등을 들 수 있다.

최근에는 이를 활용해 관련산업에서 실질적인 성과를 창출하는 이른바 '신한류(新韓流)' 현상이 나타나고 있다. 게다가 우리의 대중가요와 방송드라마를 중심으로 문화 콘텐츠가 중국 내에 급속히 침투되면서 우리나라의 문화산업이 아시아 문화의 발상지인 중국에서 새로운 문화를 꽃피우고 있는 것이다.

한류열풍과 비즈니스 기회

이러한 한류 현상에 힘입어 한국(2003년 기준)은 중국에 온라인 게임 4,089만 달러, 캐릭터 43만 달러, 방송 및 영상물 58만 달러[12]를 수출하는 등 문화 콘텐츠 분야의 수출증가와 국내 문화 콘텐츠 산업의 활성화를 기대할 수 있는 수준에 올랐다고 볼 수 있다.

한편 중국 내 한류열풍이 거세지고 있는 가운데 이의 후방효과로 한국의 국가 이미지뿐 아니라 한국 기업과 상품에 대한 이미지도 크게 제고되어 한국 산업의 중국 진출에 큰 발판이 되고 있다.

특히 지리적으로 인접해 있고 투자 환경이 양호하다는 점 때문에 중국은 이미 한국의 최대 해외투자 대상국이 됐을 뿐 아니라 최대 수출국이기도 하다.[13] 이미 한국의 휴대전화, 가전제품, 의류, 화장품 등은 중국에서 상품에 대한 인지도가 높고 상품 이미지 또한 좋아 중국 소비자에 대한 영향력이 날로 커지고 있는 분야다. 삼성과 LG 등 대기업들은 이미 중국시장 공략을 성공적으로 수행하고 있다.

이러한 사례는 구체적인 데이터를 보지 않더라도 중국시장 내 한국 유명 브랜드의 이른바 '짝퉁(모방, 모조품)' 붐을 통해 잘 알 수 있다. 중국시장 내에서 유행하고 있는 한국 브랜드의 짝퉁은 라면, 초코파이에서부터 화장품(미샤), MP3 플레이어로 유명한 아이리버의 제품, 삼성 휴대전화 및 삼성 로고 등에 이르기까지 다양하다.

역설적이긴 하지만 우리나라에서도 과거 일본 제품의 모조품·모방품 등이 성행했으며, 최근에는 럭셔리 제품을 중심으로 이러한 추세가 이어지고 있다. 또 유명 배우의 초상권이나 해적판 음반, 비디오 테이프 등도 이러한 추세에 일조했는데, 지금의 중국에서 우리는 이러한 현상을 발견할 수 있는 것이다.

이러한 현상을 반대로 해석해 보면, 중국 내에서 그만큼 한국 브랜드를 선호하는 소비자들이 증가하고 있다는 사실을 반증해 준다고도 할 수 있을 것이다. 따라서 중국 비즈니스에 있어서 한류열풍은 거대한 열대 저기압과 같은 잠재적인 파워를 숨기고 있어, 그것을 어떻게 진출 전략과 연계시키느냐에 따라 희비가 크게 엇갈린 전망이다.

물론 휴대전화, 디스플레이, TFT-LCD 분야와 같이 정보기술을 활용한 최첨단 디지털 기술 분야와 관련된 모든 상품 제조기술은 한국이 앞선 관계로, 비교적 중국 진출에 손쉬웠던 바가 적지 않았던 것으로 판단된다.

한류열풍 뒤에는 한류를 뒷받침하는 각종 아이템이 있다. 그 대표적인 사례가 바로 일본을 포함한 아시아에서 불고 있는 '욘사마'[14]열풍이다. '가발, 안경, 목도리 욘사마 3종 세트', '욘사마 복주머니 세트' 등은 욘사마를 주제로 기획·판매에 성공한 상품 아이템이다. 또 소니,

다이하츠공업, 오츠카제약 등은 욘사마를 광고에 등장시킴으로써 기업 이미지는 물론 상품 판매에도 커다란 효과를 올리고 있다.

일본 업계에서는 "일본에 진출한 한국 기업들이 왜 욘사마를 기용하지 않는지 알 수 없다"라고 할 정도로 욘사마는 일본 기업의 마케팅 전략에도 큰 영향력을 행사하고 있다. 최근 올림푸스 등 일본 기업들의 글로벌 모델로 한국의 유명 연예인들을 기용하는 경향이 증가하고 있다. 이는 바로 아시아 등지에서의 한류열풍으로, 이미 광고에 등장하는 인물들의 지명도가 이미 세계적으로 매우 높은 수준에 와 있기 때문이다.

이러한 점에서 본다면 한류 마케팅은 중국 진출기업에 대한 심리적 저항선을 낮춰주고 안정된 기업 이미지를 부여함으로써 기업의 시장 진출을 좀더 원활히 해줄 수 있는 윤활유로 작용할 것이다. 결국 한류열풍은 한국 기업의 대 중국 비즈니스의 키워드로 활용될 필요가 있다.

신천지 중국 소비시장을 흔들어라

중국 소비시장을 단적으로 표현하기는 어렵지만 앞에서 지적한 대로 무한한 기회가 있는 만큼 그에 상응하는 위협요소도 존재한다. 따라서 한국 기업이 중국 소비시장 진출과 공략에 성공하기 위해서는 철저한 사전 조사와 분석을 통한 전략 수립이 중요하다.

우선 중국 내에 진출해 있거나, 진출하고자 하는 기업이 한국 기업

뿐만이 아니라는 사실에 주목해야 한다. 심지어 럭셔리 제품 업체까지 진출했으니, 소비시장을 이루는 전부문에 글로벌 기업들이 진출해 있다고 가정해야 할 것이다. 따라서 이들 기업과의 경쟁에서 살아남기 위해서는 우선 시장과 기술의 차별화가 필요하다.

임금 수준의 변화는 소비심리에 큰 영향을 주므로 이에 대한 철저한 마케팅이 필요할 것이다. TOTO의 경우 지금까지 자사의 고급스런 이미지를 고려해 중국 소비시장 내에서 고급 제품 수요에 대응한 마케팅 전략으로 성공한 사례다. 그러나 2005년부터는 중국의 부동산 버블 붕괴에 따른 대책도 포함해 저가격 브랜드화와 중·고가격 브랜드화 전략을 도입해 상품 개발에 나섰다. 이를 위해 TOTO는 제품 설계를 수정해 소품종 대량생산으로 비용을 절감시키고 시장점유율을 높이는 전략을 추가했는데, 화장실 용품을 세트 단위(약 3,000~4,000위안)로 판매함으로써 중국 도시권의 월수입 6,000~8,000위안의 회사원 가정에서 구입하도록 전략을 조정했다.

한편 이를 위해서는 TOTO의 사례처럼 설계를 수정한다든지 타사와 구별되는 새로운 기술을 개발한다든지 하는 기술개발 또한 차별화할 필요가 있다. 따라서 무조건적인 고급화가 아니라 여러 소비주체들의 소비여건 변화에 주목한 마케팅 전략의 수립이 필요하다.

가전시장의 경우 이미 중국 기업의 성장이 뚜렷한 상황에서 비용(cost) 경쟁으로는 살아남기 힘들고 기술력 또한 거의 동등하다고 가정했을 때 중국시장을 신기술 도입을 통해 장기간 공략하기란 매우 힘들다. 따라서 기술개발의 차별화 전략은 세분화된 시장에서 중국 소비자의 소비성향을 만족시켜 줄 수 있어야 한다.

결국 다양한 상품 라인을 갖추고, 상품에 따라 목표고객층을 명확하게 구분하는 것이 중요하다. 이를 위해선 결국 진출기업 및 연구개발의 현지화가 필수적이다. 물론 기업의 현지화로 기업 관리가 어려워지는 경우가 종종 있기는 하나 장기적으로 볼 때 기업의 현지화는 반드시 필요하다.

삼성이나 LG가 기업의 현지화 추진을 통해 현지 직원들의 사기를 진작시켜 잦은 이직을 방지함으로써 기업의 성과를 향상시킨 반면, 전통적인 일본 기업의 경우에는 대부분 많은 주재원 파견으로 현지 비용증가 및 성과주의 도입 미흡 등으로 현지화에 실패하는 경우가 많다.

따라서 기업의 현지화는 중국시장 진출 및 공략을 위한 필수조건이라 할 수 있다.

연구개발의 현지화는 핵심기술의 유출 위험성이 높지만 현지 소비자의 성향을 제품 또는 제품 기능에 적시 반영할 수 있으며, 이를 통해 시장 변화에 따른 즉각적 반응이 가능하다는 점에서 중요한 진출 전략이다.

중국의 내수시장은 빠른 경제성장과 이에 따른 임금수준 상승으로 소비자의 소비능력 향상 및 소비성향의 다양화로 인해 하루가 다르게 변화하고 있다.

이러한 급속한 변화에 발빠르게 대처하기 위해서는 이러한 변화를 빨리 감지하고, 이를 제품에 반영할 수 있는 현지 연구개발 체제가 갖추어져야 한다. 최근 일본의 대부분 기업이 핵심기술은 자국 내의 중앙연구소에서 개발하고 공정기술 또는 제품개량 기술 등과 디자인은 현지에서 개발하는 이원개발체제를 많이 선택하고 있다. 이는 기술유출 방지 차원에서뿐 아니라 중국시장에 즉각적인 반응을 할 수 있다는 점에서 기업의 기술개발 전략상 매우 중요한 핵심 포인트라고 할 수 있다.

중국에서는 특히 도시부를 중심으로 한류라는 문화현상이 그 열기를 더하고 있다는 것을 이미 앞에서 논의했다. 또 한국 기업이 이러한 한류열풍을 마케팅과 제대로 접목시키지 못하고 있다는 사실도 지적했다.

한류라는 문화 콘텐츠는 그 상태 그대로 훌륭한 상품이 될 수 있다. 단, 문제는 한류 현상이 우리 기업의 중국 진출과 무관하지 않다는 점이다.

예를 들면 욘사마가 사용했던 안경·가발·목도리가 일본에서 불티나게 팔리고, 동남아시아에서 한국 배우가 사용했던 화장품이 동이 날 정도로 팔린다는 것은 한류라는 문화를 마케팅에 접목시킴으로써 상품가치와 인지도를 높이고 시장 공략을 좀더 손쉽게 할 수 있다는 사실을 말해 준다. 따라서 한류 마케팅을 적극 활용할 필요가 있다.

이 밖에도 여러 가지 진출 전략을 고려할 수 있겠으나 결국 중국 진출에 성공하기 위한 전략이란 마케팅의 기본인 조사, 분석, 소비자의 욕구 충족에 있다는 사실을 명심해야 할 것이다.

동북아의 물류 중심, 폭증하는 물류시장을 장악하라

고도성장에 따른 교역량 증대로 중국 항만 물동량이 급증하고 있다. 2004년 11월 현재 중국 연해(沿海) 항만의 총물동량은 22억 4,527만 톤으로 집계되고 있으며 컨테이너 항만 물동량도 5,143만 TEU[15]로 기록되고 있다. 실제로 2001~04년 사이 총물동량의 경우 연평균 20.2%, 컨테이너 물동량의 경우 32.2%의 가파른 증가세를 보였다. 이에 따라 외국 해운업체들이 중국 내 물류시장 선점을 위한 치열한 경쟁을 벌이고 있으며, 이미 중국 내 물류시장의 70%를 외국계가 장악하고 있다.

한편 중국은 컨테이너 물동량의 급속한 증가 추세에 대응해 2010년까지 항만의 컨테이너 처리능력을 1억 TEU 수준으로 확충한다는 계획을 발표했다. 세부적인 중장기 항만개발 계획은 아직 발표되지 않았으나 향후 컨테이너 터미널 개발은 상하이, 션전(深圳), 칭다오(靑島), 톈진(天津) 등 중국 7대 항만을 중심으로 이루어질 전망이다. 따라서 향후 중국의 컨테이너 터미널 개발은 더욱 빠르게 진행될 것으로

중국 연해 항만 물동량 추이

구 분	2001	2002	2003	2004	연평균 증가율
총물동량(백만 톤)	1,292	1,514	1,801	2,245	20.2%
컨테이너 물동량(천 TEU)	22,274	30,789	40,495	51,431	32.2%

자료 : 중국 교통부

*2004년은 1~11월 누계, 연평균 증가율은 2001~04년, 본 물동량은 연해 항만의 물동량 기준임.

보인다.

이를 위해 중국은 최대 항만인 상하이의 와이까오차오(外高橋) 터미널의 확장사업을 진행하는 한편, 상하이 항 동쪽 30km 해상에 위치한 저우산(舟山) 군도 대소양산에 '양산 대수심 컨테이너 터미널'을 개발하고 있다. 와이까오차오 터미널은 2004년에 2개 선석을 개발했으며 이후에도 2~4개 선석을 추가로 개발할 계획이다. 양산 대수심 컨테이너 터미널은 물동량 증가 추세에 따라 단계적으로 개발할 예정인데, 제1단계 공사는 총 안벽 길이 1,600m의 5개 선석을 2005년까지 건설할 계획이며, 최종적으로는 2020년까지 총 50개 이상의 선석을 건설할 계획이다. 또한 제2의 컨테이너 항만인 션전 항은 빠른 물동량 증가 추세에 대응하기 위해 셔커우(蛇口), 옌티엔(鹽田), 치완(赤灣)

중국 주요 항망 개발 계획

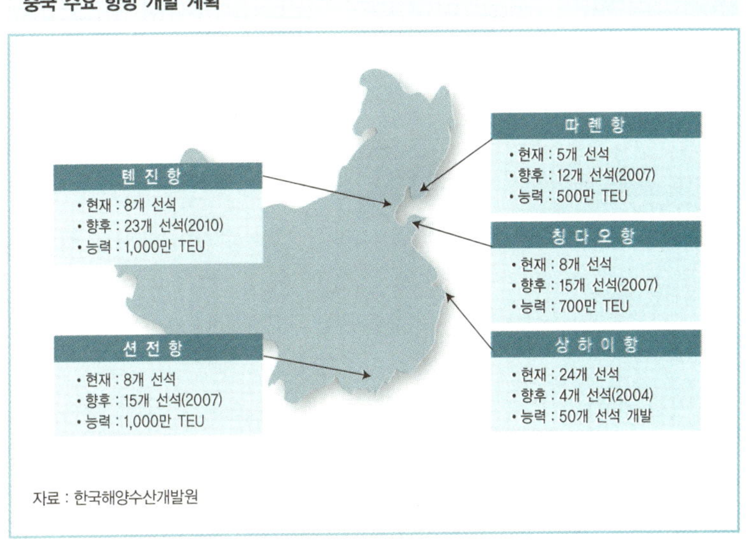

자료 : 한국해양수산개발원

등 3개 터미널을 확충하는 사업을 진행중이며 칭다오, 텐진, 따롄(大連) 항 등 북부 지역의 3개 항만의 개발사업도 착실히 진행되고 있다.

가시 돋친 장미, 중국

중국의 물류산업은 연평균 30%를 상회하는 고도 성장으로 2004년에 240조~300조원에 이르고 있는 것으로 분석된다.[16] 향후 2010년까지 매년 10%를 상회하는 높은 성장이 예상되고 있다. WTO 가입으로 2005년부터 외국계 해운업체들도 독자적으로 영업을 할 수 있는 점 또한 중국 진출 희망 기업들에 큰 기회요인으로 작용하고 있다.

더욱이 중국의 물류산업은 인프라가 취약해 GDP 대비 물류비 비중이 18%에 이르고 고도화된 물류 서비스인 제3자 물류업 규모도 72억 5,000만 달러(GDP 대비 3%)로 낙후된 편이다. 주요 원인으로는 육상 운송 인프라의 부족, 낮은 물류업의 표준화율, 낙후된 IT 인프라 등이 지적되고 있다. 따라서 크게 증가하고 있는 중국 내, 중국에서 해외로, 또는 해외에서 중국으로의 물류 수요를 감안할 때 오히려 외국의 선진 물류 업체들이 공략할 수 있는 시장 여건이 마련된 것으로 평가되고 있다.

반면 중국 물류시장 진출에는 위험요인도 존재한다. 시장여건 및 제도여건 개선 등으로 외국계 물류 업체들의 중국 진출이 가속화될 것으로 보여 외국 업체 간 경쟁 격화가 예상된다. 또한 중국에는 불법적인 영업행위 등에 대한 규제조치가 사실상 전무한 상태여서 공정한

| 물류 허브 — 또 다른 팍스 시니카 |

상하이 항은 이미 2003년 부산항의 컨테이너 물동량을 능가했다. 남쪽의 션전 항 또한 연간 1,000만 TEU(TEU : 길이 20 피트의 컨테이너 박스) 이상을 처리하기 시작한 지 오래다. 한 마디로 중국의 항만들은 세계의 공장으로 전세계의 화물을 밀어내고 있는 중국의 관문역할을 하면서 폭증하는 화물 처리로 몸살을 겪고 있다.

이러한 중국항만들은 이제 자국 화물뿐 아니라, 제3국 화물(이를 보통 환적화물이라고 한다)마저 흡수하려고 하고 있다. 상하이 항의 경우 육지에서 31㎞나 떨어진 주산군도의 대 · 소 양산에 총 4단계에 걸쳐 안벽 길이 18㎞에 이르는 대형 항만 개발 계획을 세운 것이다. 육지와 항만을 잇는 동해대교는 총 길이가 31㎞에 이르러 바다의 만리장성이라고 불리고 있다. 대 · 소양산 컨테이너 터미널이 완공될 경우 상하이 항은 자국 화물뿐 아니라 제3국 화물의 환적기능까지 소화하는 아시아의 허브항으로 자리잡을 것이 확실시되고 있다. 세계 물류의 중심으로 발돋움하는 것, 그것은 또 다른 모습의 팍스 시니카일 것이다.

경쟁여건 조성은 다소 시일이 걸릴 것으로 보임에 따라 진출 및 진출 희망기업들의 세심한 주의가 요구된다.

중국이 동북아 물류 중심지다

중국이 물류시장을 개방하는 데는 또 다른 의미가 있다. 즉 자국 산업의 경쟁력이 일정 수준에 도달했다는 판단이 전제됐다는 것인데, 중국의 물류산업은 다른 산업과 마찬가지로 저임금의 노동력 활용으로 가격 경쟁력이 우월하다. 이를 바탕으로 물류시장의 개방이 확대되는 것이기 때문에 단순히 시장규모의 신기루를 따라 진출하는 것은 실패 가능성이 높게 마련이다.

중국정부가 자국 산업으로 해결할 수 없는 부문에 대해서 외국인 투자를 적극 유치할 것으로 보임에 따라 복합수송 체제, 제3자 물류업 등 고도 물류산업 분야가 진출 유망한 업종으로 꼽히고 있다. 특히 IT 기술력과 해상운송 분야의 노하우를 보유한 우리나라 전문 물류 기업들의 적극적인 중국 진출을 통해 우리나라가 동북아 물류 중심 국가로 도약할 수 있는 토대가 마련될 수 있을 것이다.

주요 외국 업체들은 이미 중국 물류시장에 합자회사 형태로 진출해 있는 상태다. 한국도 한진해운 등이 서비스 경쟁력을 바탕으로 중국 내에서 사업을 영위하고 있다. 이미 동북아 지역의 물류 중심지는 한국의 부산이나 인천보다는 중국의 상하이나 따롄이 유력해 보인다.

따라서 한국은 민간 및 정부가 독자적으로 동북아 물류중심 국가로의 이행전략을 추구하기보다는 중국과 연계 강화를 통해 공동 물류 시장화를 촉진하는 형태가 바람직하다. 물류산업 활성화의 가장 큰 전제조건이 물류 수요에 있기 때문이다. 운송 효율이나 비용보다 물동량이 얼마나 존재하는가가 물류산업 활성화의 핵심 요소로 지적되기 때문에 한국이 중국에 비해 독자적인 물류 중심기지 역할을 할 수 있는 가능성은 매우 희박하다. 따라서 중국 내 시장을 선점함으로써 중국 물동량과 저가격 물류 인력을 흡수해 동북아 공동 물류시장을 형성할 필요가 있다.

빗장이 열린 보험시장을 공략하라

WTO 이행 조치의 하나로 2005년부터 외국 보험회사들이 중국 내 어느 곳에서나 보험업을 할 수 있게 됐다. 기존에는 외국 보험업체들의 경우 베이징과 상하이 등 일부 도시에서만 영업이 허용되어 왔다.

중국은 사회주의 시장경제 제도가 도입되면서 국가 차원의 사회보장 기능이 약화되는 대신 민간 보험시장이 활성화되고 있다. 1988년 국내 보험업체 간 경쟁체제가 도입됐으며, 2001년 WTO 가입으로 보험시장의 대외개방이 진전되고 있다.

중국 보험시장에서는 토종 보험업체들이 시장의 대부분을 잠식하고 있는 독과점 형태를 보이고 있다. 특히 생명보험 시장에서는 중국 생명보험과 핑안보험 등이 75%(수입보험료 기준) 이상의 점유율을 차지하고 있다.

최근 들어서는 외국 보험사들의 적극적인 영업활동으로 2004년 보험료 수입이 67억 3,000만 위안으로, 1999년 18억 2,000만 위안에 비해 비약적으로 성장하고 있는 상황이다.

향후 중국 보험시장은 매년 20% 내외의 높은 성장세를 보일 것으로 전망된다. 보험시장의 대외개방이 가속화되면 중국 보험업체들은 취약한 영업력과 상품 개발 능력부족 등 수익성 악화로 이어질 것으로 예상된다.

중국의 생명보험시장은 지난 10년 간 연평균 30% 이상의 고성장을 지속했다. 이런 추세라면 2008년에는 수입보험료가 1,000억 달러를 넘어서 세계 4위권의 대형 보험시장으로 부상할 전망이다.

또한 중국 책임보험시장은 생명보험에 비해 상품개발 여지가 많은 것으로 나타나고 있다. 선진국들이 재산보험 총액 중 책임보험액이 차지하는 비중이 40%인 것을 감안하면 중국의 책임보험액 비중(3%)은 극히 미미한 것으로 나타나고 있다.

브랜드 이미지 강화 전략 추구

중국의 보험시장 규모가 최근 급격히 증가하고 있지만 여전히 GDP 규모에 대비한 보험시장의 규모는 매우 낮은 수준이다. 2003년 생명 관련 보험은 GDP 대비 2%에 불과했다. 또한 중국 도시 주민의 소득 증가에 따라 다양한 금융 수요가 창출될 것으로 보여 유럽과 미국의 금융서비스 회사들이 중국시장에 적극적으로 진출하고 있다.

현재 외국계 보험사들은 자국기업들에 대한 손해보험시장 공략에 주력하고 있다. 중국 생명보험시장에서 중국 보험회사들의 비중이 매우 높아 외국계 보험사의 생명보험시장점유율은 아직 2%에도 못 미치고 있다.

다만 주요 선진국들의 경우 고령화사회 도래로 인해 생명보험시장의 수익성 및 성장성이 제약되고 있어 대형 외국계 생명보험사들의 중국시장 진출은 가속화되고 있다.

AIG, 메트라이프 등을 비롯한 외국 보험사들은 중국 보험시장 진출을 차근차근 진행해 왔다. 중국 보험감독위원회의 최근 통계자료에 따르면, 2004년 12월까지 총 40여 개의 외국계 보험회사가 중국에 75 개 지점을 설립했고, 한국의 삼성생명도 중국항공과 합작으로 생명보험사 설립인가를 받는 등 한국 기업들의 중국 보험시장 진출 또한 증가하고 있다.

특히 2004년 11월 베이징 주재 사무소를 개설한 대한생명은 중국 생명보험시장뿐 아니라 중국 내에 현지 합작보험사를 설립해 글로벌 종합금융회사로의 도약을 준비하고 있다.

한국은 중국과 같은 동양문화권에 있고 지리적으로도 매우 근접해 있어 국내에서 어려움을 겪는 보험업체들이 중국시장 진출을 서두르고 있다. 특히 한국과 중국은 수교된 지 13년밖에 되지 않는 짧은 역사에도 불구하고 경제협력이 활성화되고 있어 진출 여건이 상대적으로 좋은 편이다.

중국 보험업체들이 갖추지 못한 상품개발 능력과 자산운용 능력은 한국 기업의 강점이 될 수도 있지만 상대적으로 외국 보험사들에 비해서는 취약한 것이 사실이다. 또한 개인들의 다양한 보험수요가 가시화되기까지는 아직 상당한 시일이 소요될 것으로 보인다.

따라서 한국 보험회사들은 중국 보험시장 진출을 위해 장기적인 차원에서 브랜드 이미지 제고를 위한 다양한 차원의 노력을 극대화해야 할 것이다.

특히 기업의 사회공헌부문을 강화해 중국 소비자들에게 우호적인 인식을 심어주고 한류열풍을 기업 이미지 제고에 적극 활용하는 방안을 강구할 필요가 있다.

1 중국의 4대 국영은행 중 하나인 인민은행은 2004년 10월 29일, 예금과 대출 기준
금리를 모두 0.27%씩 상향 조정했다.

2 JP모건이 1990~2000년 각국 통화의 실효환율(Broad Effective Exchange Rate)
의 변화율 추정치.

3 현대경제연구원, 〈중국 금융기관의 부실채권(NPL)문제와 전망〉, 《경제주평》,
2004. 5. 10

4 톈안먼 사건의 발단은 1986년 12월 중국 곳곳에서 열린 대학생들에 의한 언론의
자유와 관료 선출을 위한 투표권 확대 요구 시위라고 볼 수 있다. 이 과정에서 당
시 총서기였던 후야오방은 시위 수습을 못했다는 이유로 1987년 1월에 총서기직
에서 물러나야 했고, 1989년에 후야오방이 사망하기에 이른다. 1989년 후야오방
의 죽음을 애도하던 대학생들이 베이징의 톈안먼 광장에 모여 민주화 요구 시위
를 하는 과정에서 중국 공산당의 군대를 동원한 진압에 의해 수백 명이 살해당하
고 투옥됐다. 이에 대한 서방사회의 압력으로 더 이상의 사태 악화는 없었지만 이
후 중국은 개방정책의 후퇴와 경제성장속도의 둔화를 경험하게 된다.

5 골드만삭스(2003)는 2010년 중국의 1인당 GDP가 2,233달러에 이를 것으로 전망
하고 있다. Goldman Sachs, "Dreaming with BRICs : The Path to 2050,"
Global Economics Paper, No. 99, October 1, 2003

6 IEA, *World Energy Outlook*, 2004

7 〈니혼게이자이신문(日本經濟新聞)〉, 2005. 2. 28

8 한국산업은행, 〈중국의 최근 경제상황과 우리 기업의 진출방안〉, 《산업월보》,
2004년 12월호

9 〈도요게이자이신문〉, 2005. 1. 22

10 중국의 수치는 각 기술 수준별 조사 항목들에 대한 단순 평균값임. 산업자원부,
《중국 산업 및 산업기술 경쟁력 정보 구축 산업기술기반조성에 관한 보고서(1차
년도 중간보고서 : 총괄)》, 2004

11 현대경제연구원, 〈한류 현상과 문화 산업 발전 전략〉, 《경제주평》, 2005. 5. 10

12 문화관광부, 《문화정책백서》, 2003

13 한국수출입은행에 따르면 2003년 말 현재 한국의 대 중국 직접투자는 36억 6,000

만 달러로 전체 해외투자액의 39%를 차지했으며, 수출규모는 351억 달러를 보였다. 특히 중국과의 교역에서 한국은 142억 달러의 무역수지 흑자를 기록해 대 중국 무역수지 흑자수준이 전체 무역수지 흑자의 88.1%를 차지하고 있다.

14 2003년 4월 일본 NHK 위성방송이 한국 드라마 〈겨울연가〉를 방영해 성황리에 종영했으나 이 드라마의 주인공인 준상 역을 맡은 배우 배용준의 인기가 드라마의 인기와 함께 급상승했다. 일본에서는 이로 인해 한류 열풍이 본격화됐다. '욘사마'는 배용준의 이름자 '용'에 일본어 극존칭 '사마(樣)'를 붙인 신조어로 2004년 일본 최고의 유행어이자 트렌드이며, 최근에는 '욘플루엔자(욘사마와 인플루엔자의 합성어)'라고도 불리고 있다. 현대경제연구원(2004년), 앞의 책 참조.

15 TEU : Twenty-foot Equivalent Units. 20피트 컨테이너 1대분을 뜻한다.

16 한국해양수산개발원.

한국경제의 새로운 동반자, BRICs

BRICs 국가들과 우리나라는 해방 이후 경제적으로 거의 교류가 없었다. 하지만 이념의 시대가 막을 내리고 경제적인 실리가 우선시되는 세계화 시대가 열리면서 BRICs 국가들은 새로운 거대시장으로 주목을 받고 있다.

이들 국가가 우리에게 새로운 시장이자 투자 대상으로 급속히 다가오고 있는 것이다. 하지만 언제나 기회 이면에는 위험이 도사리고 있다는 점을 염두에 두어야 한다. 이는 이미 상당한 투자가 이루어진 중국의 예에서 쉽게 찾을 수 있다. 그 동안 이루어졌던 중국 진출 붐을 통해 우리는 단순히 저렴한 노동력과 거대한 시장에 이끌려 투자할 경우 낭패를 볼 가능성이 크다는 값진 교훈을 얻었다. 이는 단순한 투자 실패에서 그치지 않고 국가 자원의 낭비와 손실로 이어져 국부유출과 국내 경제난을 가중시키는 요인으로 작용한다. 이러한 중국에서의 경험은 상대에 대한 정확한 파악 없이 이루어지는 무분별한 진출 전략이 오히려 독이 되어 우리에게 돌아온다는 사실을 입증해 준다. BRICs도 마찬가지다. 철저한 사전 탐색과 준비를 한다면 BRICs는 우리 경제의 신천지가 될 수 있으나 무분별한 따라가기식 진출은 낭패만 볼 수도 있다.

정부의 과제

전방위 외교 경제 관계 구축

우선 한반도를 중심으로 복잡하게 얽혀 있는 각 국가들의 이해관계 속에서 기존 우방들과의 관계를 해치지 않는 범위 내에서 이들 국가들과의 안정적인 관계를 구축해 나가야 한다. 특히 중국과 러시아는 경제적 파트너이기에 앞서 한반도와 국경을 접하고 있고 북한 핵문제를 둘러싼 6자 회담의 주요 협상 파트너라는 점을 중요시해야 한다. 과거 우리나라가 러시아를 배제한 4자 회담 방식에 지지를 보낸 이후 러시아가 우리나라에 대해 노골적인 불쾌감을 표시했던 것은 단적인 예라 할 것이다. 이념보다는 경제적 실익을 우선시하는 시대가 도래했지만 세계가 다극화되면서 외교무대에서 자국의 영향력에 대한 집착은 과거보다 더 강해지고 있는 것이다.

　한국은 아직 BRICs 국가들과 다양한 경제적 · 정치적 협력 관계를 맺지 못하고 있다. 중국은 발빠르게 과거 문제를 모두 뒤로 하고 인도와의 경제 협력을 적극 추진함으로써 친디아라는 신조어까지 낳았다. 우리도 중국뿐 아니라 러시아 · 인도 · 브라질 등과의 FTA 등 포괄적 경제협력 관계를 맺기 위해 최선의 노력을 다해야 한다.

BRICs 국가들에 대한 우리나라의 위치 선택

특히 BRICs 국가들은 모두 인구가 1억이 넘고 면적으로 따지면 인도만 7위일 뿐, 모두 세계 5위 안에 드는 대국이다. 세계에 대한 영향력, 풍부한 인구와 지하자원을 바탕으로 제조업 중심의 경제성장 모델을 채택하고 있어 BRICs는 자의든 타의든, 우리나라와 세계시장 곳곳에서 마주칠 가능성이 높다. 따라서 이들 국가와 상호보완적 협력 관계를 맺는 것은 정부가 시급히 서둘러 추진해야 할 과제다.

현지정보 제공 네트워크 가동

마지막으로 BRICs를 공략할 기업을 위해 현지에 대한 정보를 제공하고 이들 국가에 진출한 기업이 성공할 수 있도록 지원해 주는 역할 또한 정부가 담당해야 한다. 최근 KOTRA 조사결과, 수출을 하거나 현지에 직접 투자하는 기업들의 가장 큰 애로사항으로서 현지사정에 대한 파악과 진출시 거점 확보가 어렵다는 점이 공통적으로 지적되고 있다. 현지 사정에 어둡다는 것은 그들의 기호를 정확히 파악하기 힘들다는 것을 의미하며, 이는 그들 시장을 공략할 아이템이 무엇인지

선택하기가 힘들다는 것을 의미한다. 그리고 적절한 아이템을 선택했을지라도 거래 관행을 비롯, 공략 거점과 판로 구축이 또 다른 부담으로 떠오른다. 따라서 이들 국가에 대한 풍부하고 정확한 정보를 수집, 진출하려고 하는 기업들에 제공하는 것은 BRICs 진출을 위한 절반의 성공 조건이다.

기업의 과제

과도한 환상을 버려라

환상에 사로잡힌 이른바 '묻지마 진출'은 실패의 첩경이다. 이들 국가는 현재 경제발전 초기 단계인 만큼 불안정한 요인들을 상당 부분 내포하고 있기 때문이다. 열악한 인프라, 관료주의, 빈부격차, 불안정한 정치·사회 등은 BRICs 국가들로 진출하기 위해 감내해야 하는 초기 비용이 될 것이다.

각 나라에 대한 폭넓은 이해가 필요하다

BRICs 국가들을 상대로 경제적인 실익을 얻기 위해서는 경제뿐 아니라, 각 나라에 대한 역사·문화·사회·정치에 대한 폭넓은 이해가 있어야 한다. 한 나라의 경제적 활동은 어찌 보면 그 나라가 처한 상황, 그 나라 국민들이 가지고 있는 민족성의 결과이기 때문이다.

특히 BRICs 국가는 역사적 환경과 정치·사회체제, 그리고 종교와 민족성 등에 있어 나라별로 큰 차이를 보이고 있다. 예를 들어 중국의 만만디 정신, 인도의 카스트 제도, 러시아의 전통문화에 대한 자긍심, 브라질의 열정적 기질 등을 이해할 수 있어야 이들 국가로의 진출에 성공할 수 있다.

경제 개방도 자국 산업 보호에 우선한다는 것을 감안하라

BRICs는 경제를 개방하면서부터 세계의 주목을 받기 시작했다. 하지만 모두 그 역사가 짧고 오히려 자급자족에 우선하는 경제체제를 오래 유지해 왔다. 막대한 자원과 많은 인구로 굳이 대외지향적인 경제구조를 지향할 필요가 없었기 때문이다. 특히 인도는 오랜 시간 식민지배를 받아왔기 때문에 외세에 대한 막연한 거부감이 오랫동안 지배해 왔고 그 현상은 지금도 상당부분 남아 있다. 그러다 보니 경제 개방도 과거에 비해서 나아졌다는 것이지, 아직 자국 산업 보호를 우선으로 하는 폐쇄적인 부분이 강한 편이다. 이러한 현상은 개발도상국가들에서 찾기 쉬운 공통점이다. 일례로 브라질, 러시아 등은 완제품 수입에 대해 높은 관세율을 적용한다. 인도는 WTO의 섬유쿼터제 폐지와 관련해 섬유산업 관련 기계류의 수입관세를 대폭 인하했지만, 금융산업의 문호는 오히려 축소하는 등 이중적인 개방정책을 구사하고 있다. 따라서 이들 국가의 개방 정도를 산업별로 정확히 파악하는 것이 필요하다.

비교우위의 경쟁력을 극대화하라

현지에서 사업을 하는 기업인들의 유형은 크게 두 가지로 나눌 수 있다. 하나는 기업활동을 하기가 너무 편하다는 것이고, 나머지 하나는 한국보다 더 어렵다는 것이다. 이렇게 유형이 극단적으로 분리되는 것은 여러 가지 이유가 있을 수 있지만 우선 현지의 벽을 뛰어 넘기까지가 무척 힘들고, 일단 그 단계를 넘어서면 우리나라보다 더 편하게 사업할 수 있는 특성 때문이다. 일례로 개발도상국들의 관료주의는 보편적인 현상이다. 따라서 진입 초기에 여러 가지 어려움을 겪기도 한다. 하지만 관료주의에 어느 정도 내성을 쌓은 투자 기업들은 오히려 이런 상황에서 성공의 실마리를 찾는 경우도 있다고 한다. 주위의 지형지물을 최대한 이용하는 것이 전장에서 결정적인 승리를 가져다줄 수 있듯이, BRICs의 특수성을 역으로 이용할 수 있다면 남들이 이루지 못한 성공도 가능하다는 얘기다.

현지화 전략

모든 여건을 검토하고 직접 투자를 결정했다면 철저한 현지화 전략을 추진하는 것이 바람직하다. 현지화는 왜 필요한가? 이들 국가는 아직까지 외국자본에 대해 반신반의하고 있다. 속된 말로 단물만 빨아먹고 이용가치가 떨어지면 뒤돌아서는 냉정한 자본주의의 속성을 경계하는 것이다. 따라서 현지화 전략을 통해 장기적인 안목에서, 그리고 얻어가는 이익만큼 투자하여 서로 상생을 위해 노력한다는 인상을 심어줄 필요가 있다. 이는 투자 초기의 현지 장벽을 넘을 수 있는 정공

법이다.

현지화 전략을 추구하기 위해서는 철저하게 현지인 중심으로 직원을 고용하고 관리자들도 현지인으로 대체해 나가야 하며 원만한 노사관계를 위해 그들의 근로의식을 정확하게 파악해야 한다. 지역 행사를 주최하거나 스폰서가 되어줌으로써 현지 주민과의 관계를 돈독히 해나가는 것도 브랜드 이미지를 제고하는 데 큰 도움이 된다. 이같은 모습들은 현지 관료와 고객 들에게 긍정적인 모습으로 비추어질 것이다.

단 현지화 전략시 주의할 점이 있다. 현지인들과 동업관계를 형성하는 것은 큰 위험요인이 될 수 있다는 점이다. 현지사정에 어두운 외국 투자자들을 노리는 자들은 어디에나 존재한다. 그만큼 속이기가 쉽기 때문이다. 속은 이후 법적으로 대응하려고 해도 생소하고 복잡한 절차 때문에 웬만한 중소기업들은 큰 고충을 감내해야 한다. BRICs는 한국의 새로운 경제 동반자다. 좋은 친구가 되기 위해서는 그들의 특성과 필요성을 잘 이해해야 하고, 그들을 위해 투자한다는 신뢰감부터 심어줘야 한다.

한국경제의 새로운 미래 **BRICs**

지은이 | 현대경제연구원
펴낸이 | 김경태
펴낸곳 | 한국경제신문 한경BP

제1판 1쇄 발행 | 2005년 6월 5일
제1판 5쇄 발행 | 2006년 4월 25일

주소 | 서울특별시 중구 중림동 441
기획출판팀 | 3604-553~6
영업마케팅팀 | 3604-561~2, 595 FAX | 3604-599
홈페이지 | http://bp.hankyung.com
전자우편 | bp@hankyung.com
등록 | 제 2-315(1967. 5. 15)

ISBN 89-475-2530-8
값 11,000원